U0630487

地球上的
神秘地带

刘盼盼◎编著

在未知领域 我们努力探索

在已知领域 我们重新发现

延边大学出版社

图书在版编目（CIP）数据

地球上的神秘地带 / 刘盼盼编著 . —延吉 : 延边
大学出版社，2012.4（2021.1 重印）
ISBN 978-7-5634-4698-8

Ⅰ.①地… Ⅱ.①刘… Ⅲ.①自然地理—青年读物
②自然地理—少年读物 Ⅳ.① P9-49

中国版本图书馆 CIP 数据核字 (2012) 第 058610 号

地球上的神秘地带

————————————————————————————

编　　　著：刘盼盼
责 任 编 辑：崔　军
封 面 设 计：映象视觉
出 版 发 行：延边大学出版社
社　　　址：吉林省延吉市公园路 977 号　　邮编：133002
网　　　址：http://www.ydcbs.com　　E-mail：ydcbs@ydcbs.com
电　　　话：0433-2732435　　传真：0433-2732434
发行部电话：0433-2732442　　传真：0433-2733056
印　　　刷：唐山新苑印务有限公司
开　　　本：16K　690×960 毫米
印　　　张：10 印张
字　　　数：120 千字
版　　　次：2012 年 4 月第 1 版
印　　　次：2021 年 1 月第 3 次印刷
书　　　号：ISBN 978-7-5634-4698-8

————————————————————————————

定　　　价：29.80 元

前 言
Foreword

　　阅读使人充实；交谈使人敏捷；写作使人精确；史鉴使人明智；诗歌使人巧慧；数学使人精细；博物使人深沉；伦理使人庄重；逻辑使人善辩。当书本给我们讲到闻所未闻，见所未见的人物、感情、思想和态度时，似乎是在我们面前打开了一扇窗户，让我们看到一个不可思议的新世界。

　　爱因斯坦曾说过，人类的一切经验和感受中以神秘感最为美妙，这是一切真正艺术创作及科学发明的灵感与源泉。但是对于伟大的人类而言，那些无法解释的谜团是否是对人类力量的嘲笑呢？

　　经历了一次次磨难的地球留下了无数难解的谜团，我们无法斩钉截铁地说恐龙已消失，我们畏惧于北纬30度的神秘力量，害怕于已逝亡灵的诅咒，逡巡于史前文明的魔力，困惑于天外来客的来访。人类思维

的尽头写满了问号，叩问远古，除却深陷泥沼的各种原理，那些遍布各地的神秘地带，仿佛有着无数欲说还休的话语。四大死亡谷、百慕大、死神岛、巨石阵，恐怖、神奇、怪异、迷幻、诡谲，这些神秘地带包罗万象，那些熟悉或者陌生的地方，一次次地激荡着探险者的胸怀。

本书从宇宙到地球，从自然到历史，从科学到艺术，在这许许多多的领域中有太多的未解之谜。而我们距离真正的答案还有多远？事实上，有许多古老的"未解之谜"已经不再神秘，而现今的"未解之谜"，相信迟早也会真相大白。或许正是这些众多的未知因素，在不断地推动着人类的探索和科技的发展，促使着人们从更深层次去认知这个世界。

本书从世界六大洲的地理奇谜入手，全面介绍了世界各地的各种地理状况，通过大量的实物图片，给读者展示了中外地理文化中记载和流传的震撼人心的未解之谜与神奇现象，由衷地希望这本书能为读者的探索之旅增加无限的乐趣。本书将给大家一个走近它们，身临其境地去体验一次不同寻常的心灵震颤之旅的途径。

《地球上的神秘地带》内容丰富，图片清晰精美，文字简洁明了，通俗易懂，融科学性、知识性和趣味性于一体，使读者不仅可以学到更多的知识，而且可以使他们更加热爱科学，从而激励他们在科学的道路上不断前进，不断探索！

目录
CONTENTS

第❶章

亚洲神秘地带一览

第❷章

欧洲神秘地带一览

第❸章
美洲神秘地带一览

第❹章

非洲神秘地带一览

第❺章

大洋洲神秘地带一览

第**6**章
南极洲神秘地带一览

亚

第一章

洲神秘地带一览

YAZHOUSHENMIDIDAIYILAN

成因扑朔迷离的黄土高原

Cheng Yin Pu Shuo Mi Li De Huang Tu Gao Yuan

在我国北方，有一片面积大约 60 平方千米的黄色土地，它就是世界闻名的黄土高原。黄土高原北起长城，南达秦岭，西抵祁连山，东至太行山。它所横跨区域非常广泛，大约横跨陕西、山西等六个省区，总面积达 58 万平方千米，是世界上黄土分布最广阔、最深厚、最典型的黄土

※ 黄土高原的地质

地貌区，同时，它的黄土沉积区在世界上也是最大的。

黄土高原的平均海拔大约是 1000～1500 米，除少数是石质山地外，在高原上大部分覆盖的是很厚的黄土层。它的厚度大约在 50～80 米之间，其中最厚的达到 150～180 米。

黄土高原的年均气温在 6～14℃之间，年均降水量 200～700 毫米。黄土高原的走向是从东南向西北，气候特征依次为暖温带半湿润气候、半干旱气候和干旱气候。

◎黄土高原形成的原因：风成说

黄土高原的土非常多，这么多的黄土究竟是从哪儿来的呢？

关于黄土的来源，长时间以来，中外学者进行过深刻的探讨，形成几种观点，其中，以"风成说"比较令人信服。

在中国西北部和中亚内陆的沙漠和戈壁上，由于气温的不确定，冷热变化非常快，而且这里的岩石比别的地方更容易瓦解和崩塌，而成为碎屑。

地质学家按直径大小依次把它们分成：砾（大于 2 毫米），沙（2～0.05 毫米），粉沙（0.05～0.005 毫米），黏土（小于 0.005 毫米）。同时，

这些地区每当到了冬春季节，就会狂风四起、飞沙走石，因为这时的风向是西北方向，飞扬的尘土会把阳光遮盖住，那些相对较为粗大的石块被遗留在原地而成为"戈壁"，黏土和粉沙颗粒则被带到3500米以上的高空，直接被卷入了西风带，然后被西风急流向东南方向搬运，一直到黄河中下游一带才会逐渐飘落，停止下来。

大约从200多万年以来，在亚洲的这片区域上，把沙土从西北向东南方向搬运的现象从来没有停止过，而且那些沙土大量下落的地区正好是黄土高原所在的地区，连五台山、太行山等华北地区许多山的顶上都有黄土堆积。当然，在中国北部包括黄河在内的几条大河以及数不清的沟谷，对地表的冲刷作用正好和黄土的堆积作用相反，否则黄土高原一定不是现在这样，厚度不超过410米。

在太行山东面的华北平原也是沙土的存在区，但是，这里却是一片不断下降的区域，同时又发育了众多河流，所以落下来的沙子不是被河流冲走，就是被河流所带来的泥沙埋葬。

科学家发现，在黄土层的底部区域有一个砾石层，而这浑圆的砾石层却是典型的河流沉积物，所以他们认为，黄土的原产地就是在黄河的上游。还有一种观点认为，黄土既不是风成的，也不是水成的，它是在原来的基础上不断风化而形成，是土生土长的。

也有一种综合性观点，认为黄土高原的是由三种力共同起的作用形成，即来自西北、中亚的大风刮来的土，以及绵绵流动的河流的作用，加上本地土生土长的基岩造成。

◎黄土高原形成的原因：大湖说

大约在1800万年以前，黄土高原还是一片湖泊，我们把它称为黄土原湖。在湖泊的西岸是一片广阔的沙漠，这时，地球上吹的风还是很强劲的，地上的沙土和尘粉漫天飞扬，这些沙尘随风飘到了黄土原湖的上空，缓缓地落入下沉到湖底，这样一点一点的累积起来，经过常年的积累，湖底的积尘渐渐多起来，大约积到几百米至上千米。

这个地质时期的气候非常寒冷，而大陆上吹的风还是干寒的西北风，所以风沙尘粉大部分都是由西北向东南运行。在尘粉的运行过程中，大的颗粒总是要先落下来，中小的和小的依次后落下来，落进了这广袤的黄土原湖，这样一来，湖泊的底部形成了依西向东，泥土层由粗到细的格局，即西北部泥的颗粒较粗一些，而靠近东南部的泥沙颗粒细一些。

随着常年的风吹，使湖底的泥土层次越来越厚。在水面浪的感应力和重力的作用下，泥沙的排列也越来越紧密了，这为以后黄土的坚硬打下了基础。

大约在1500万年前，这里的地貌发生很大的变化，南印度洋板块和欧亚大陆板块发生碰撞，从而造成整个湖区开始慢慢的抬升，溢出的湖水涌向了东海。

大约在800万年时，湖水终于干枯，黄土裸露出表面，渐渐地形成了高原，形成了今天黄土高坡的地貌。

所以，黄土高原的形成既不能单纯说是风形成的，也不是一次性洪水灾害形成，它是在特殊的地理环境和特别条件下，由风尘和湖水相互容存，相互作用而逐渐形成的。这符合地球上的自然规律，也符合对地层科学的解释。

▶知识链接

黄土高原曾是森林区吗？有人认为黄土高原历史上就不是森林区，而属草原带。但大量事实证明：黄土高原在历史上确实是森林和森林草原地区，这是在黄土高原上进行过大量认真考察研究的科学家的共识。但由于长期以来的人为破坏，使大面积的森林逐渐消失而成为今日的荒山秃岭。大规模破坏森林的方式包括战争破坏、营造宫殿、樵采、毁林开荒等，其中以毁林开荒对森林的破坏最为严重和彻底。

┃拓展思考┃

1. 黄土高原由森林变成水土流失给我们带来了哪些思考？

2. 黄土高原上的水土流失应该怎样治理？

3. 你认为黄土高原是怎么形成的？

罗布泊的秘密

Luo Bu Po De Mi Mi

罗布泊，位于中国新疆维吾尔自治区东南部塔里木盆地的最低处，罗布泊是多种水汇入的湖泊。塔里木河、孔雀河、车尔臣河、疏勒河等曾经的交汇处也是在这个地方，在古代称泑泽、盐泽、蒲昌海等。湖水最多的时候是在公元前330年，西北侧的楼兰城成为著名的"丝绸之路"的咽喉。在这以后，湖水慢慢地减少，楼兰城也成了废墟。1921年之后，塔里木河开始断流，但是湖水还是有所增加。1942年测量时，湖水的面积是3000平方千米，而1962年湖水减少到660平方千米，到1970年以后，湖泊已经开始干涸，其主要原因是塔里木河两岸人口突然增多，从塔里木河不断取水，使它的长度缩小到不到1000千米，使300多千米的河道干涸，导致罗布泊最终干涸！现在可以看到的是大片的盐壳。

◎罗布泊的成因：传说中的游移湖

古罗布泊的诞生期是在第三纪末、第四纪初，大约距离现在有1800年的历史，它的面积约2万平方千米以上。在新构造运动影响下，湖泊的盆地面积从南向北开始倾斜抬升，以至于分割成了几块比较洼的土地。

根据湖水的变化，一些探险家又把罗布泊分为"游移湖"或"交替湖"，它主要是处于北纬39°～40°和40°～41°之间。近年来，中国科

地球上的神秘地带

学家作了实地考察，发现湖泊的西北隅、西南隅有明显的河流三角洲，这就说明塔里木河的下游以及孔雀河的水系在变迁的时候，河水是从不同的方向注入湖盆的，而湖盆是塔里木盆的最低处，流入湖内的泥沙非常少，它的沉积过程也很微弱。湖底沉积物的年代测定和孢粉分析，证明了罗布泊是塔里木盆地长期的汇水中心，不过有的时候湖水的流向是偏北，有时候是偏南，但并不是大范围的游移。

◎"大耳朵"之谜

从卫星上拍摄的影像来看，罗布泊在干涸的时候湖盆的形状，和人的耳朵轮廓十分相似，于是，"大耳朵"的名字就被叫开了。这只大耳朵是如何形成的，科学家们众说纷纭，争论不已。

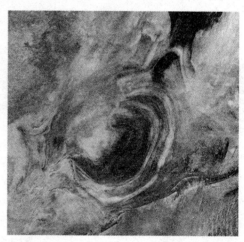

※"大耳朵"

"我们最终给出了大耳朵的答案：'耳轮'是湖水在退缩和蒸发时候的痕迹，其中'耳孔'是伸入湖中的半岛，可以将罗布泊分成东西两湖；'耳垂'是喀拉和顺湖注入罗布泊形成的三角洲。"夏训诚和项目组的科研人员通过水准测量、光谱测定、分段采样分析等综合分析后，进一步得出对罗布泊"大耳朵"的新认识。罗布泊"大耳朵"的形态形成是受原湖岸地形的控制，特别是受伸入湖中半岛的影响，但是"大耳朵"图像上的"耳轮线"，是湖水退缩盐壳形成过程中的年、季韵律线。

夏训诚等科学家确定，"大耳朵"是由于湖水的迅速退缩而形成，其形成的具体时间在二十世纪六十年代初期四至五年之间。

◎罗布泊的雅丹地貌

"雅丹"一词，是维吾尔语"雅尔"的变音，意思是陡崖。十九世纪末至二十世纪初，一些中外科学家在罗布泊地区见到了大面积分布的相间的土丘和沟谷，并且在撰写的文章中采用了"雅丹"一词来形容这一特殊的地貌形态，之后逐渐被地学界的人士认同、接受和采用。

罗布泊地区的雅丹地貌的成因大致分为三种：一是由风的吹蚀作用形成的平原地区的雅丹地貌，沟谷长轴走向与当地主风向一致；二是由于洪水的作用而形成，邻近的山区的或者是湖滨的雅丹地貌，它的沟谷大致走向与附近洪水的走向一致，并且在雅丹的土丘上留有洪水的痕迹；三是在阵发性暴雨以及洪水作用的基础上，再经过风的吹蚀作用形成了雅丹地貌。

◎发生在罗布泊的诡异事件

为揭开罗布泊的真面目，无数的探险者为了要探索其中的奥秘不畏艰难险阻，其中也不乏一些悲壮的故事，这更为罗布泊的神秘添上了一层面纱。

1980年6月17日，著名科学家彭加木在罗布泊考察时失踪，国家出动了飞机、军队、警犬，花费了大量人力物力进行地毯式搜索，却一无所获。2007年，在罗布泊发现了一具干尸，但经过波折的DNA鉴定断定这具干尸不是彭加木。

1996年6月，中国探险家余纯顺在罗布泊徒步孤身探险中失踪。当直升飞机发现他的尸体时，法医鉴定已死亡五天，原因是由于偏离原定轨迹15千米，找不到水源，最终干渴而死。

2005年末，敦煌有人在罗布泊内发现一具无名男性尸体，当时据推测该男子是名"驴友"，法医鉴定其死亡不是被害。这具尸体被发现后，

地球上的神秘地带

引起了国内数十万名"驴友"的关注，更有人在互联网上发出了寻找其人身份的倡议，最后在众多人们的努力之下，终于确定了该男子的身份，并最终使其遗骸归回故里。经查明，该男子是2005年自行到罗布泊内探险，但为何死亡，却一直是个谜……

▶ 知识链接

　　1901年，斯文·赫定在当地向导的帮助下在罗布泊北发现了楼兰古城，这一"沙漠中庞贝城的再现"轰动了世界。然而，昔日的西域政治、经济、交通的枢纽，如今已成一片荒原，楼兰的兴衰巨变的原因，说法众多。"'路断城空'和'水断城空'，是楼兰兴衰的两大因素"。

| 拓展思考 |

　　1. "一个世纪以来，罗布泊由一个浩瀚大湖，最终变成了一个干涸的'大耳朵'"。它所经历的沧桑，给我们留下了一部怎样的干旱区开发史？

　　2. 你认为罗布泊到底是怎么形成的？

响沙湾的传说

Xiang Sha Wan De Chuan Shuo

响沙湾在蒙古语中被称为"布热芒哈",意思是"带喇叭的沙丘"。在响沙湾的背后是大漠龙头库布其沙漠,面临着罕台大川,又名"银肯"响沙。响沙湾大约高 110 米,宽 200 米,坡度为 45°,它呈弯月状的巨大的沙山回音壁位于大漠的边缘之上,是一处珍稀、罕见、宝贵的自然旅游资源。高大的沙丘呈月牙形状约有 80 多米高,连绵数千米,在看到那金黄色的沙坡映衬在蓝天白云下的美景时,会有一种茫茫沙海入云天的壮观,就像是一条金黄色的卧龙。"响沙"是沙漠的一大奇观,这里的黄沙看上去和其他地方的黄沙没什么区别,但是如果你手捧一把干沙用力一搓,沙子就会发出"哇哇"的类似青蛙鸣叫的声音。如果用脚在沙土上用力一踏,它就会发出就像飞机在头顶飞过那的"轰隆隆"的声音。登上丘顶,坐着滑下来,会听到"嗡嗡"长鸣,如同汽车的马达有节奏地振响。响沙湾沙的声音是随人而移动的,人移动了它的声音也在动,人停止了它的声音也停止,就像在僻静的山谷中,粗犷的男低音那深厚有力的歌声在回荡。这就是大自然的杰作,天地间的奇景。

◎响沙湾的传说

很久很久以前,在苍茫的北方大地上,有一片辽阔的草原,这里的土地非常肥沃,牧草也非常新鲜,湖泊就像星星分布点缀在这里。这里居住着布热部落,部落里的人们善良、淳朴,安居乐业,过着平静安详的生活。

草原上每个湖泊都有自己的名字,但只有一个湖泊被称为"神湖",因为它的湖水非常清澈,散发着神秘的色彩,因此受到了部落人们的崇拜。该湖里还生长着一种全身透明的鱼,被尊为神鱼,它是不允许被人类

捕食的。部落的人们恪守着这个规矩，因为部落里的每一个人从小就被长老们告知，神鱼是自然之神的化身，"神鱼"每少一只，草原那边的沙漠就会移动一座山的距离，那样的话草原会很快被掩盖住。

布热部落还有一个传统，就是每隔十年要进行一次祭天集会。集会上要挑选一对年轻人担任新的部落祭司，这是部落的人们渴望的莫大荣耀。新的祭司将会把神力传承下去，也会吹响部落的神器号角，以此向上天祈求保佑布热部落长盛不衰，平安富足。同时，他们也要守护神器，担起部落新的保卫者的重任。而那些老祭司们的势力就会削弱，变得和普通人一样。

又一个十年过去了，又到了选拔新祭司的日子，部落的人们载歌载舞，期待着新的守护者的诞生。长老和祭司们也按照神器的指引找出了新的祭司——年轻的小伙子奇风和美丽的姑娘蓝月。长老们祭出布热部落的神器——一只巨大的号角立在祭台上，光芒四射，部落的人们顶礼膜拜，奇风和蓝月用神力吹响了巨号，人群中爆发出惊天的欢呼。按照传统的习俗，新任祭司必须要到神湖去祭拜，以得到自然之神的庇佑，来守护部落的平安。

在草原的尽头是无垠的沙漠，那里居住着野心勃勃的乌拉，他和他带领的部族一直都渴望着那肥美的草原和那优美的湖泊。他等待进攻的机会也等了整整十年，他深知布热部落祭司的神力不可小觑，便趁着奇风和蓝月前往神湖的时候，发动了猛烈的进攻。部落的人们根本无法与乌拉的军队相抗争，一时间安宁的部落遭到了残酷的血洗。乌拉抢到了神号，部落的长老和前祭司们奋力抗争，结果神器在争夺中被乌拉砍为了两截。等到奇风和蓝月回到部落时，被眼前狼藉的景象所震惊。他们找到了垂死的长老，长老告诉他们，只有找到神湖中的神鱼才能重新把神器修复好。于是，奇风和蓝月带着受损的神器来到神湖，请求神鱼的帮助，为了使大地重新恢复和平安宁，神鱼们甘愿牺牲生命，重新修复好了神器，后来随着神鱼的死去，丰美的草原也逐渐形成了一片荒芜的沙漠。

奇风和蓝月带着修补好的神器回到了部落，找到乌拉，经过一番殊死战斗，终于将乌拉和他的爪牙消灭，而这时沙漠已经吞噬了大片的草原，黄沙滚滚而来，为了家园不被彻底的摧毁，年轻的奇风以自己的生命以及神力为指引，吹响了神器，终于将沙漠挡在了神湖的边缘，为部落的人们留下了生存的土地，但奇风却与神器永远地被掩埋在沙丘之下，蓝月为了完成祭祀神圣的使命而化为一条大川，在沙山旁奔腾。

从此，每当沙丘被风吹过的时候，沙子总会发出阵阵响声，后人们说：那是奇风在吹响神号呢！他在告诉后人，他和蓝月将永远守护这片神

地球上的神秘地带

奇的土地!

在响沙还有另一个传说:在很久很久以前,这里有一座建筑宏伟、香火旺盛的喇嘛庙,这一天,千余喇嘛席地而坐正在念经,在佛音不绝、钟鼓齐鸣之时,忽然天色大变,狂风席卷着砂石,不一会的时间寺庙就被掩埋在沙漠之中,现在人们听到的沙响声,是喇嘛们在沙下诵经、击鼓、吹号呢。

◎响沙湾形成原因

传说的故事代表了人们对某种事物所赋予的无限遐想,其实,响沙是一种自然现象。关于它的成因和科学解释,至今还是没有明确。近年来,不少科研工作者对响沙湾进行了考察和研究,以最大的努力去揭开大自然的奥秘。有人认为,沙子作响是由于该处气候干燥,阳光长久照射,使沙粒带了静电,在接触到外力的时候,就会发出放电的声音。也有人认为,是"共鸣箱"的作用,即响沙的普遍特点是它的沙丘非常高大,沙坡的背风方向向着阳光,而在沙湾的前面有水渗出。在晴朗的天气里,由于水的蒸发,渗水处或干河槽上空就会形成一道人眼看不到的蒸气墙,这个蒸气墙与月牙形的沙丘向阳坡恰好构成一个天然的"共鸣箱",产生了共鸣作用。当然,最终的定论还要有待于科学家们的不懈努力和探索。

▶ 知识链接

响沙湾并不是世界独一无二的发声处。到目前为止,世界上已发现一百多处。中国境内与响沙湾齐名的响沙还有六处,分别为:新疆哈巴河县鸣沙山,巴里坤县鸣沙山,木垒县鸣沙山,准噶尔鸣沙山群,甘肃敦煌鸣沙山,宁夏中卫沙坡头。

| 拓展思考 |

1. 你认为响沙湾的形成原因是什么?
2. 如果有一天你有机会到响沙湾,你最想体验的是什么?

地球上的神秘地带

敦煌石窟之谜

Dun Huang Shi Ku Zhi Mi

敦煌石窟，又称为莫高窟，也就是常说的千佛洞，它被誉为二十世纪最有价值的文化发现——"东方罗浮宫"。坐落在河西走廊西端的敦煌，它最著名的是它那美丽的壁画和塑像。敦煌石窟最初的建造时间是十六国时期的前秦时期，历经了十六国、北朝、隋、唐、五代、西夏、元等历代的兴建，它的规模非常庞大，现在所遗留的洞窟有 735 个，壁画 45000 平方米，泥质彩塑 2415 尊，是世界上现存规模最大、内容最丰富的佛教艺术圣地。在近代发现的藏经洞中，在洞内发现了近有五万多件的古代文物，因此开辟了一门专门研究藏经洞典籍和敦煌艺术的学科——敦煌学。1961 年，它被列入全国第一批重点文物保护单位之一。1987 年，被列为世界文化遗产，同时也是世界上现存最大的佛教艺术宝库。

◎敦煌飞天的来源之谜

佛教中把化生到净土天界的神庆人物称为"天"，如"大梵天""功德天""善才天""三十三天"等。把那些可以在天空中自由自在飞行的天神叫作飞天，敦煌飞天就是画在敦煌石窟中的飞神，后来成为敦煌壁画艺术的一个专用名词。

敦煌飞天的风格特征是没有翅膀，没有羽毛就只能是借助云彩而又不能依靠云彩，要凭借着他们的飘逸的衣裙，飞舞的彩带凌空翱翔，千姿百态，千变万化。它是在本民族传统的基础上，吸收融合了外来飞天艺术的成就，发展创作出来的敦煌飞天形象。

敦煌地区石窟保存着从公元 4 世纪（十六国）到 14 世纪（元代）持续千余年时间的众多飞天形象，它是民族艺术的瑰宝，是佛教艺术中璀璨夺目的一枝奇葩。

◎敦煌石窟艺术与颜料化学之谜

敦煌石窟壁上的颜料更加使石窟的艺术特色显得美丽而出色，它不仅是世界上伟大的艺术宝库，还是一座丰富的颜料标本博物馆。这些经历了千百年的壁画，至今仍然光彩鲜艳，金碧辉煌。历经了千百年的自然演变之后，各种颜料从画面上就可以真实得到反映。它们的耐光、耐磨、耐久

等性能，在这座特殊的天然实验室中得到了很好的考验。

根据国内外对敦煌石窟艺术所用颜料的分析可知，大体可分为无机颜料、有机颜料和非颜料物质三种类型。在所应用的三十多种颜料中，其中在绘画的过程中最早使用的是个别颜料，但是在史料中却没有记载，例如：青金石、密陀僧、绛矾、铜绿、雌黄、雄黄、云母粉、叶蛇纹石、石膏等颜料的使用，所有这些都反映出我国古代在化学工艺方面长期居于世界领先地位的巨大成就。

◎敦煌石窟的历代开凿进程

莫高窟现存有壁画和雕塑的 492 个石窟，大体可分为四个时期：北朝、隋唐、五代及宋、西夏及元。

在北朝时期发掘出来的洞窟一共 36 个，其中年代最早的第 268 窟、第 272 窟、第 275 窟可能建于北凉时期。窟形主要是禅窟、中心塔柱窟和殿堂窟，彩塑有圆塑和影塑两种，壁画内容有佛像、佛经故事、神怪、供养人等。

隋唐是莫高窟发展的全盛时期，现存洞窟有 300 多个。禅窟和中心塔柱窟在这一时期逐渐消失，与此同时大量出现的是殿堂窟、佛坛窟、四壁三龛窟、大像窟等，其中殿堂窟的数量最多。

◎敦煌石窟的建造之谜

历史上的甘肃是西域与中原地区交流的中转站，敦煌位于最主要的位置，所以，它自然成为当时中西文化、贸易交流的中心。对于"东传"的佛教，它是近水楼台先得月，形成了名副其实的佛教圣地。然而，随着交通的发达，曾经绚烂一时的丝绸之路慢慢的没落，而远在甘肃省境内的佛教圣地内所孕育的丰富的文化宝藏也随之被湮没淡忘了。

直到 1900 年，在八国联军大闹北京城的时候，一位虔诚的道士王元禄在敦煌的石窟中发现了一间堆满经书、抄本、佛像画、图像的石窟。

这个石窟位于鸣沙山附近，窟内像是马蜂窝一样，在每个小石窟内部都有一尊雕刻得美轮美奂的佛像，而且在石壁上都绘画着精美的壁画。据历史学家、考古学家研究结果判断，这大概是公元前 366 年的秦开始兴建，到元朝初期完成。据统计，这里石窟约有 1000 个，佛像共计 48 万尊，这真是一项非常浩大的工程。

这究竟是谁做的呢？石窟中有关佛学的书籍又是谁在研究呢？各国史学家纷纷组成调查团研究，希望能找到一个满意的答案。据史实记载，这里曾经有许多凶悍的游牧民族入侵过，诸如吐蕃、回纥、西夏、吐鲁番等等，在经过如此频繁的战乱侵扰下，这些珍贵的文化财宝竟然丝毫未受到损害，难道真是"佛法无边"？还是即使野蛮民族也震慑于佛像的神威，不敢擅自毁坏呢？对此，无人知道。

▶知识链接

莫高窟在元代以后很少被人知道，几百年里基本保存了原貌。但自藏经洞被发现后，吸引了许多西方考古学家和探险者，他们以极低廉的价格从王圆箓处获得了大量珍贵典籍和壁画，运出中国或散落民间，严重破坏了莫高窟和敦煌艺术的完整性。

拓展思考

1. 除了敦煌石窟，我国还有哪些著名的石窟？

2. 你是如何看待敦煌石窟的艺术价值和历史地位的？

3. 你认为敦煌石窟流落出去的古籍和壁画，我们国家应该追讨回来吗？

地球上的神秘地带

神奇的万年冰洞

Shen Qi De Wan Nian Bing Dong

位于北纬 38°31′～39°8′，东经 111°50′～120°40′之间的山西省宁武县，涔山乡麻地沟村东区域海拔 2300 米的山上，发现了一处世界著名的奇观——万年冰洞。经中科院地质研究所洞穴专家现场考察认定：此洞形成时期是在新生代第四纪冰川期，大约是距今 300 万年，所以被称为"万年冰洞"。2005 年，宁武万年冰洞在第四批国家地质公园评审中，成为国家地质公园。2011 年 3 月，被评为国家 4A 级旅游景区。

◎冰洞与火山并存

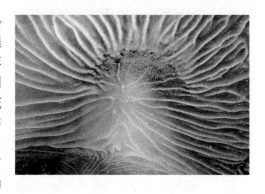

如果从本地洞外的气候条件看，它根本达不到结冰的程度，而洞内一年四季的冰柱不化，越往里面冰层越厚。特别是夏天，洞外碧草如茵，鲜花盛开，而洞内寒气逼人，冰笋玉立。它是中国最大的冰洞，也是目前世界上发现的、除了永久冻土层之外的非常罕见的大冰洞。当地人称之为"万年冰窖"，是因为在冰洞内的气温一年四季永远保持着零下 4 度。冰洞形成于什么时代？其底部有多深？无法探测。都说冰与火难以相容，但是在这里却出现了火山与冰洞共存在一座山上的奇特景象。据清乾隆《宁武府志》记载，这里的火山在数百年的时间里不会熄灭，虽然它属于地下煤自燃，但山的阳面为火山，山阴面为冰洞，所以在这个山中，正好是一凉一热，两个截然相反的景观并存，这种情况非常奇怪又罕见，这一现象到目前为止还没做出令人满意的科学的解释。

夏季，冰川经常处于消融状态中，它的消融分为冰下消融、冰内消融和冰面消融三种。地壳经常不断向冰川底部输送热量，从而引起冰下消融。但冰下消融对于巨大的冰川体来说是微不足道的。当冰面融水沿着冰川裂缝流入冰川内部，就会产生冰内消融。冰内消融的结果，就是形成了多种的冰川岩溶的现象，如冰漏斗、冰井、冰隧道和冰洞等。

◎万年冰洞的形成原因

事实上，只有一年365天都是结冰的洞穴才能够被称之为是冰洞，那么，在世界上也只有像西伯利亚和南北极等地，少数纬度高而且异常寒冷的地方才发现过冰洞，而且数量和规模都非常小。所以，让人们困惑的是，这个冰洞所处的位置既不是异常寒冷的南北极，也不是终年积雪的雪山，而是在四季都很分明的山西省宁武县，竟形成了这样一个常年不化的冰洞。那这个冰洞到底是如何形成的呢？

※ 冰洞外的景色

科学研究表明，地球自诞生以来，气候一直在变化当中。早在几亿年前，地球就出现过大规模的冰川运动，并且只有冰川运动才会拥有如此猛烈的能量，才能形成许多地质奇观，所以有人认为，正是因为冰川运动，使大量的冰涌进了一个冲刷成形的洞中，形成了现在非常神奇的冰洞。

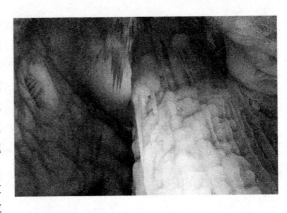

由于管涔山的海拔达到了 2000 多米，而洞口所处的位置在山的阴面，这对冰的常年不化起到了一定的保护作用，而整个洞的形状，也对洞内温度的保持起到了很好的作用。洞是一个正口袋形，夏天洞外温度热，洞里的温度凉，它们两者之间是不会相互交换的。如果洞形倒过来，在夏天，洞外温度热、比重低，洞内温度凉、比重高，热量需要交换，这样就损害了冰的保存量。正是因为洞的形状不利于洞里洞外空气的交换，因此就尽可能地减少了冰的损害。

▶ 知识链接

奥地利的爱斯里森卫尔特冰洞是人们知道的世界上最大的冰洞。

拓展思考

1. 冰洞的形成过程是怎样的？
2. 你认为应该怎样去开发冰洞这个旅游资源？
3. 你认为全球变暖对冰洞有没有影响？

神秘的吴哥古城

Shen Mi De Wu Ge Gu Cheng

吴哥古城是柬埔寨的一个代表，是它的象征，在人类的文化宝库中也留下了光辉的一页。它与埃及的金字塔、中国的长城、印度尼西亚的波罗浮屠并称为"东方四大奇观"。吴哥城的规模非常的宏伟壮观，在它的周围环绕着护城河，在城内有很多各式各样的精美宝塔寺院和庙宇。吴哥最初开始建立的时间是公元802年，完成于1201年，经历了400年。在几百年的建造过程中，吴哥曾经先后遭受到两次洗劫和破坏，此后，吴哥被遗弃，逐渐淹没在丛林莽野之中，直到十九世纪六十年代它才被发现，据说是一个名叫亨利穆奥的法国博物学家发现了吴哥古迹。

※ 吴哥古城

◎吴哥古城主要结构

　　吴哥城是一座正方形的城市，它基本上全部是用赤色的石块砌成，整个城市的布局很合理，而且在建筑的设计上也是别具特色。吴哥城的中心是巴扬庙，它是王城的主体建筑，高达45米，在它的周围还包围着16座中塔和几十座小塔，这就构成了一组完美整齐的阶梯式塔型建筑群。根据史书记载，这16座宝塔象征当时高棉的16个省。其中，被称为"吴哥古迹明珠"的女王宫，更是以它精美绝伦的石雕著称于世。这些雕像的刻工非常的精致，而且它的线条也很流畅，给人的立体感非常强，可以说是石雕艺术界的灵魂。

地球上的神秘地带

吴哥窟又被称为吴哥寺，是柬埔寨历史最悠久、规模最宏大的古寺，也是保存最好的名刹。吴哥窟分为"大吴哥"与"小吴哥"两处，其中小吴哥的建筑群非常雄伟。现在的吴哥遗迹总占地面积大约310平方千米，包括四座神庙建筑。从它遗留的那一墙一柱来看，可以看出当年雕刻工艺的高超水平，鬼斧神工的技术，令人称赞吴哥窟有"雕刻出来的王城"之美誉。据研究，建筑时所征召的民工达1500万以上。寺庙全部用巨大的沙岩石块重叠砌成，其中最重的石块的重量已经超过了8吨，在石块之间是没有任何粘合物。

吴哥寺由苏利耶跋摩二世创建，这同时也是他的陵墓。吴哥窟包括十多座古建筑物及几十组次要遗迹，总面积4万平方米以上，在它的陵墓中最著名的是5塔下面的在每层台基四边石砌回廊壁上的

※ 吴哥窟外表的佛像

浮雕，最低层回廊上的浮雕长约800米，它们中的大部分都是根据史诗中的神话故事传说建造，浮雕技巧高超，非常生动，想像力丰富，是柬埔寨浮雕中最精妙的代表。

◎关于吴哥古城的传说与疑点

吴哥是怎么被遗弃的呢？据说是 1431 年受暹罗人入侵后，就遭受到了瘟疫的袭击，人们认为是神的惩罚，都吓得离开了。这一离就是几百年，森林把整座古城吞没了，树种落在建筑上，就在上面长了起来，谁也不知道这里还有这样一个神秘王国。

中国元代人周达观 1295 年到达吴哥，第二年回国后，著有《真腊风土记》，对吴哥的繁华富丽进行了描绘，那个叫亨利的法国人，就是看了这篇游记而去探险。当时找了向导，带了武器、食品，雇了民工砍伐森林，最后发现了这里。

疑点之一：何人建造了美妙绝伦的古城？它的每一块石头都是精雕细琢，到处都是浮雕和壁画，可以说它的技巧是非常熟练、精致的，而且想象力很丰富，惊叹到使人不敢相信这是真的，以至于长时间流传吴哥古迹是天神的创造，不可能出自凡人之手。在垒砌这些建筑时，没有

使用黏合剂之类的材料，完全靠石块本身的重量和形状紧密相连，环环相扣。直到现在，虽然说吴哥的古迹大部分都受到了很多的侵蚀，但它还是一动不动。

疑点之二：通过对吴哥城规模的估计，在这座古城最繁荣的时候，至少有近百万居民生活在这里。可是，为什么这样一座繁荣昌盛的都城竟会消弭在茫茫丛林里呢，它的居民为什么都不见了呢？有人猜测，是由于流行瘟疫或霍乱之类的疾病，使他们迅速地在极短时间内全部死去。还有人

猜测，可能是外来的敌人攻占这座城市后，将城里的所有居民赶到某一地方做了奴隶。

疑点之三：在柬埔寨历史上放弃吴哥是一个具有重要转折意义的事件，它标志着一度强大的吴哥王朝的瓦解。但是，是不是还会有其他的因素呢？中国一些学者认为，这种结局与暹罗人的不断入侵有关，这使得高棉人做出了撤离吴哥的最终决定。自从暹罗人不断强大后，高棉人就受到了很大的灾难和巨大的损失，而慢慢衰弱的国力也无法抵抗暹罗人的入侵，所以只好采取回避的方法。沃尔特斯博士也有相似的看法，但是他认为，吴哥王朝的衰弱和抵抗力的丧失，并非完全是暹罗人所造成，而是高棉王族之间内部矛盾斗争发展的后果。这时，暹罗人入侵导致了吴哥王朝放弃古城之举。在十五世纪上半叶，吴哥王朝被迫迁都金边，曾经繁华昌盛的吴哥城杂草灌木丛生，逐渐被茂密的热带森林所埋没。由于有关柬埔寨中古时代的史料极其缺乏，重现于世的吴哥古城依然有待后人去探索研究。

▶ **知识链接**

如同"没到过长城，就没到过中国"一样，"没到过吴哥，就没到过柬埔寨"，被称为"世界七大奇观"和"东方四大奇迹"之一的吴哥窟，是所有踏上柬埔寨国土的人们心驰神往的地方。

拓展思考

1. 吴哥古城的建造技术为什么这么高超？
2. 吴哥古城为什么会在很短时间内被荒废？

楼兰古国—— 西域佳人
Lou Lan Gu Guo—— Xi Yu Jia Ren

楼兰古城四周的墙壁，有很多处都已经坍塌了，只剩下断断续续的墙垣孤零零地站立着。城区的形状为正方形，面积约 10 万平方米。遗留下来的楼兰遗址全景是非常空旷和凝重，城内破败的建筑遗迹显出没有生机的模样，显得格外苍凉、悲壮。

◎ 历史上的楼兰国

据《史记·大宛列传》和《汉书·西域传》记载，它最早的历史可以追溯到二世纪，那时，楼兰就是西域一个著名的"城廓之国"。它东通敦煌，西北到焉耆、尉犁，西南到若羌、且末，古代"丝绸之路"的南、北两道的分端就是以楼兰为界线。

中国魏晋及前凉时期西域长史治所，位于新疆罗布泊西北。因遗址中出土的汉文文书上，用"楼兰"佉卢文对音为"库罗来那"称呼该城而得名。二十世纪初，英国人斯坦因等曾多次来此盗掘。约在五十年代之后，中国学者开始对此地进行调查和发掘。

楼兰是西域三十六个国家之一，它与敦煌相邻，在公元前后和汉朝的关系非常密切。古代楼兰的记载以《汉书·西域传》、法显还有玄奘的记录为基础。《汉书·西域传》记载："鄯善国，本名楼兰，王治扞泥城，去阳关千六百里，去长安六千一百里。户千五百七十，口四万四千一百。"法显谓："其地崎岖薄瘠。俗人衣服粗与汉地同，但以毯褐为异。其国王奉法。可有四千余僧，悉小乘学。"玄奘三藏在他旅行的最后做了最简单的记述："从此东北行千余里，至纳缚波故国，即楼兰地也。"

◎ "沙埋古城"的传说

关于海市蜃楼般的"沙埋古城"传说，几百年来一直在喀什噶尔、拉吉里克、玛拉巴什、叶尔羌……塔克拉玛干大沙漠边缘绿洲的居民中传播。1895 年 4 月 10 日这一天，瑞典探险家斯文·赫定驼队离开了麦盖提的拉吉里克村，驼队有八峰骆驼、两条狗、三只羊、一只公鸡和十只母鸡，这差不多已经足够了他们一行人的三四个月的粮食，全套皮大衣、冬装，以及足够装备一个警卫班的三支长枪、六支短枪，还有从气温表到测高仪等一应科学仪器，可是，惟一没有做到的是没带足够的水，因而精良装备没有起到应有的作用。在穿越叶尔羌河与和田河之间的广袤沙漠时，几乎葬送了整个探险队。在几天的时间他们就喝完了所有的水，而在以后的行程中，

※ 楼兰古国遗址

他们喝过人尿、骆驼尿、羊血，一切带水分的罐头与药品都是甘露，最后，不得不杀鸡止渴，可是先把它的头割掉，母鸡的血已经成了凝固的"玛瑙"。在和田河处可望而不可及的河岸林带，赐予了他们超强的毅力，可是当他们最终挣扎着来到和田河时，却发现那是季节河，这个意外使他们几乎崩溃。在和田河的中游地区有一处即使在枯水期也不干涸的水潭拯救了他们。之后，探险家斯坦因、瑞典科学家安博特都找到过这个水潭。但他们最终丧失了全部骆驼、牺牲了两个驼夫、放弃了绝大部分辎重，遗失了两架相机和1800张底片，从此塔克拉玛干沙漠有了一个别名"死亡之海"。

◎楼兰古尸之谜

在楼兰最著名的还有西域美女的传闻，"楼兰美女"出土于1980年，当时，考古学家在罗布泊孔雀河下游的铁板河三角洲，发现了一片墓地，在墓中发现的一具中年女性干尸，她身体的皮肤和指甲保存非常完整。皮肤为红褐色，且稍有弹性，她有一张瘦削的脸庞，尖尖的鼻子，深凹的眼眶、褐色的头发披肩。她身上裹一块羊皮和毛织毯子，胸前毯边用削尖的树枝别住，下身裹一块羊皮，脚上穿一双翻皮毛制的鞋子，头上戴毡帽，帽上还插了两支雁翎，对她身上的羊皮做鉴定后表明，这是一具距今3800年的古尸。她是谁？为什么会在这荒无人烟的地方？这成为考古界的谜。"楼兰美女"是迄今为止新疆出土古尸年代最早的一具，"楼兰美女"具有鲜明的欧罗巴人种特征。然而，关于此尸所代表的人群具体属于何种种族以及他们生前是当地土著还是从其他的地方迁徙而来的等问题，至今在考古界仍众说纷纭。

◎楼兰消失的原因

罗布泊曾经是我国西北干旱地区最大的湖泊，湖泊的面积达到12000平方千米，上个世纪初仍达500平方千米，当年楼兰人在罗布泊边筑造了十多万平方米的楼兰古城，是什么原因导致了当年丝绸之路的要道——楼兰古城变成了人迹罕至的沙漠戈壁？这一直是个谜。

近年来，中科院罗布泊环境钻探科学考察队对罗布泊进行了全面系统的环境科学考察。考察队认为：初步可以断定为，随着青藏高原在距今七到八万年前的快速隆升，罗布泊由南向北迁移，它干旱化的程度也在进一步的加深，最后的结果就是使整个的湖泊干涸。其实，这样的一个解释显然并不能让人满意。中国科学院地质与地球物理研究所的周昆叔教授则认为，罗布泊干涸的原因很复杂，这既是全球性的问题，也是地域性的问题，除了自然方面的原因，还有人为方面的因素。

▶知识链接

·楼兰古城·

官衙："三间房"是并排的三间房子，是楼兰城中两座土坯建筑之一，是城中规格最高的建筑，可能是当时的官衙。自从斯文·赫定发现楼兰古城并在三间房的墙角下发掘出大量珍贵的文书以后，来自日本的橘瑞超、英国的斯坦英都曾在这里大肆挖掘，并将文物带运出中国。这些文物后来被一些博物馆收藏，由专家进行研究，并且在国际上兴起了'楼兰学'的热潮。"

民居：由红柳、芦苇搭建而成，如今屋顶、四壁不存，但从残留的墙根可以看出当时的布局。

佛塔：大约10米高的佛塔，是楼兰城中最高的建筑。

| 拓展思考 |

1. 楼兰人的起源是在什么时候？
2. 在楼兰有什么著名的游览区域？

绒布冰川—— 行走在消逝中

Rong Bu Bing Chuan—— Xing Zou Zai Xiao Shi Zhong

绒布冰川的主要分布区域在西藏喜马拉雅山脉，冰川分为两条支流，东绒布冰川和西绒布冰川。绒布冰川向北流，形成珠穆朗玛峰北面的绒布山谷，而绒布冰川最早的起源是在珠穆朗玛峰。

◎概述

绒布冰川位于珠穆朗玛峰脚下海拔 5300～6300 米的广阔地带，其中珠峰地区是中国大陆性冰川的活动中心，据统计面积在 10 平方千米以上的山岳冰川就有 15 条，其中最大，最为著名的是复式山谷冰川——绒布冰川，它全长 20 多千米，面积达 80 多平方千米。

※ 绒布冰川

绒布冰川的冰舌平均宽 1 千米多，厚度达到 120 米，最厚的地方可达到 300 米以上，是西藏最雄奇的景色之一。这些冰川类型十分齐全，它的上限可以达到 7260 米，这些冰川的补给主要靠印度洋季风带两大降水带积雪变质形成。

在冰川上还有很多奇特美景，如冰塔林、冰茸、冰桥、冰塔等等，可以说是千奇百怪，美不胜收。这里还可以看到高达数十米的冰陡崖和步步陷阱的明暗冰裂隙，以及险象环生的冰崩雪崩区。

◎名字的由来

绒布冰川得名于西藏日喀则地区定日县巴松乡南面珠穆朗玛峰下绒布沟。

当地有著名的绒布寺——该寺位于绒布沟东西侧的"卓玛"山顶，距离县城约 90 千米，海拔 5800 米，它的地势高峻寒冷，是世界上海拔最高的寺庙。

　　绒布寺由红教喇嘛阿旺丹增罗布于 1899 年主持修建，有 100 多年的历史，信奉宁玛派。绒布寺主殿正面供有释迦牟尼、莲花生等佛像，僧尼同住一个寺庙开展佛事活动，兴盛时曾拥有僧人 300 多名和比丘尼 300 多名，20 多个殿堂；现在僧人 11 名、比丘尼 8 名，设有 1 个诵经殿和 1 个殿堂。每年藏历四月十五日举行三天的跳神活动，藏历十一月二十九日举行隆重的驱鬼仪式。1983 年，寺庙做了大规模的修建，其中最值得观赏的是它的壁画。

▶ **知识链接**

· 形成原因 ·

　　冰川是在地球重力作用下，由万年不化的冰雪沿着山谷缓缓移动而形成。绒布冰川巨大的冰塔林高达 40 米甚至 50 米，天成地就的各种造型是人工雕琢所无法比拟。

　　绒布冰川前端可以看到冰塔林、冰蚀湖、冰斗、角峰、刀脊等奇异的天然冰川现象。千姿百态的冰塔林突出而立，有的像锋利的宝剑，有的像古刹钟楼，还有冰桌、冰桥、冰柱、冰洞。冰锥形似一柄柄利剑直插苍穹，又似一群群动物形态万千，其间更有幽深的冰洞，曲折的冰河，奇特壮观，使游人恍若走进一座晶莹圣洁的水晶宫殿。

◎加速消融

　　据 2005 年珠峰科考队队长康世昌介绍，根据这些年的观测可以得出一些结论，珠峰地区绒布冰川正在强烈退缩，而且它的融化速度在加快，消融的区域也在扩大。一批中国科学家通过地质遥感监测和深入现场调查发现，二十世纪七十年代，青藏高原的冰川面积为 48000 多平方千米。到二十一世纪初，冰川的面积为 44000 多平方千米，平均每年减少 140 多平方千米。所以说，冰川也是一种具有一定形状和运动着的、较长时间存在于地球寒冷地区的天然冰体。它主要由长年的降雪积累而变质形成，可分为消融区和积累区，是一个动态平衡的过程。消融区的扩大表明消融增强，这个趋势最终会导致冰川面积和水资源储量减少。冰川与人类息息相关，冰川消融后，其主要影响是会破坏水资源的平衡。

　　从目前看，水资源会有所增加，但在二三十年后，水资源就会相对的减少，从而影响到全球生态及可持续发展。同时，冰川的快速消融还会使那些保存在雪冰中的一些数据消失，比如气候、环境的信息，这对全球生态、环境等方面的科学研究有很大影响。

地球上的神秘地带

◎形成冰碛期

珠峰地区绒布冰川的强烈退缩现象，形成了大量具有蓄水功能的冰碛湖，根据科学家初步研究成果显示，至少有三分之一的融水，也就是有三千万立方米不能向下游输送，这将对该地区水资源的利用造成重大影响。近年来观测发现，绒布冰川消融区扩大，消融增强，冰川快速退缩形成了大量的冰碛湖，而且冰碛湖形成的趋势正在向上游扩大。

冰碛湖的形成主要是由于气候变化所引起，约在距今200万年的第四纪，山坡和沟谷里的冰川挟着砾石，沿着山谷开始慢慢的往下移，强烈地挫磨创蚀着冰床，形成了多种冰蚀地形。但是等到气候变暖之后，冰川就会逐渐的退缩减少，就形成了冰碛湖。

对该地区来说，在这个地区的水资源60％～70％由冰雪融水形成，这对该地区的水资源的利用造成了很大的影响：在春季，如果下游地区急需水资源灌溉时，冰川融水无法有效的及时补给，而冰碛湖中积蓄的大量水可能溃决而造成洪灾。如果这一初步研究成果被证实，那么相关部门就必须要提前做好各种防范措施，并摸清评估可能造成的影响。根据调查显示，近年来，全球变暖正使西藏许多高原冰碛湖迅速"扩张"，并不时有溃决现象发生，给高原冰碛湖下游居民生活带来潜在危险。据统计，从二十世纪三十年代中期到二十世纪九十年代中期的60余年间，西藏境内共有13个冰碛湖发生过15次溃决，并且都造成了规模巨大的洪水和泥石流灾害。

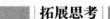

拓展思考

1. 绒布冰川对环境的影响表现在哪些方面？
2. 绒布冰川的交通问题是怎样的？

秦始皇陵—— 了却君王身后事

Qin Shi Huang Ling—— Liao Que Jun Wang Shen Hou Shi

秦始皇陵位于陕西省西安市临潼区以东的骊山脚下，根据史书记载：秦始皇嬴政从十三岁即位时就开始营建陵园，由丞相李斯主持规划设计，大将章邯监工，修筑时间长达38年，足以看出它的工程是多么的浩大、宏伟，可以说是创造了历代封建统治者中最奢侈的厚葬记录。

※ 秦始皇陵

陵墓1974年被发现，公元前210年秦始皇去世，葬于陵墓的中心。陵墓的周围环绕着那些著名的陶俑，这些形状略小于人形的陶俑的形态不一，连同他们的战马、战车和武器，成为现实主义的完美杰作，同时也保留了极高的历史价值。

◎概述

在秦始皇陵的南面是层层环绕、山林翠绿的骊山，北面是曲折迂回、好像银蛇独卧的渭水之滨。高大的封冢在巍巍峰峦环抱之中与骊山浑然一体，景色优美，环境独秀。陵园总面积为50平方千米，陵上的封土原高115米，现在的高度76米，陵园内有内外两重城垣，内城周长3840米，外城周长6210米。内外城廓有高约8～10米的城墙，现在仍然有残留的遗址。在陵墓内，墓葬区在南面，寝殿和便殿建筑群在北面。1974年1月29日，在秦始皇陵坟丘东侧1千米多的地方，当地农民打井无意中挖出一个陶制武士头。后经国家有关组织的发掘，最终发现了使全世界都为之震惊的秦始皇陵兵马俑。经考古专家鉴定，秦始皇陵地宫完整的保存在封土堆下，几千年来并未被盗掘。

地球上的神秘地带

◎秦始皇

秦始皇是中国历史上一位杰出的政治家、军事家，姓嬴，名政，秦国时期庄襄王之子，自公元前236年至公元前221年的15年中，秦国先后灭掉了韩、赵、魏、楚、燕、齐六个诸侯国，彻底结束了战国群雄割据的历史，建立了中国历史上第一个统一的多民族中央集权的郡县制王朝——秦王朝。"秦王扫六合，虎势何雄哉；挥剑决浮云，诸侯尽西来。"秦始皇是拥有无限风光的旷世之主，不仅为后人留下了千秋伟业，还留有这座神秘莫测的皇家陵园。

◎皇家陵园

秦始皇陵是中国历史上第一个皇帝陵园，它的规模及丰富的陪葬品在历代帝王皇陵中是最大的。陵园按照秦始皇死后同样享受荣华富贵的原则，仿照秦国都城咸阳的布局建造，大体呈回字形，目前探明陵区内的大型地面建筑为寝殿、便殿、园寺吏舍等遗址。据史载，秦始皇陵陵区分陵园区和从葬区两部分。秦始皇陵的封土形成趋势是三级阶梯式，它的形状和覆斗很像，底部是正方形，底面积约25万平方米，整座陵区总面积为50多平方千米。修建皇陵的主要材料从湖北、四川等地运来，为了防止河流冲刷陵墓，秦始皇还下令将南北走向的水流改成东西走向。

秦始皇陵的冢高约为55米，周长2000米。整个墓地占地面积为22万平方米，内有大规模的宫殿楼阁建筑。秦始皇陵的规模之大远非埃及金字塔所能比。

▶ 知识链接 ┈┈┈┈┈┈┈┈┈┈┈┈┈┈┈┈┈┈┈┈┈┈┈┈┈┈

秦始皇陵规模之大可见一斑，但秦始皇陵有没有设计蓝图呢？

据史书所记"使水相斯将天下刑人徒束七十二万人作陵，凿以章程"来看，秦始皇陵的修建绝非任意，必定是按设计图有计划地营造，纵观历代帝王陵建造史不难想象其中的关联之处。具体设计蓝图如何？还在进一步研究之中。

◎秦始皇陵地下墓穴的结构

从已发掘出来的秦始皇陵遗迹来看，似乎秦始皇要把生前的宫室、山河及其他一些都带到地下世界去，而要实现这一点，如果所建陵墓太小就不能达到他的愿望。据《史记·秦始皇本纪》记载："大事毕，已藏，闭中羡，下外羡门，尽闭工匠藏者，无复出者。"这里，既提到中羡门、外羡门，那想必也有内羡门。这似乎表明地宫中有通往主墓的通道，工匠只能闭在中羡门以外的地方，内羡门以内才是秦始皇棺椁置放之地。至于墓道之长也就可想而知，若说有三百丈洞室的存在也在情理之中，有人认为，秦始皇陵地宫的洞室是现在的人造封土以前的地区，也就是直达骊山中心主峰——望峰之下。

◎秦始皇为什么愿意坐西向东

有人认为，秦始皇在生前派徐福前往黄海，寻找蓬莱、瀛洲诸仙境，并多次亲自出巡，东临碣石，南达会稽，在琅琊、芝罘一带流连忘返，这一切都说明他对仙界的无限向往。可惜徐福一去杳无音讯，秦始皇亲临仙境的愿望终成泡影。生前得不到长生之药，死后也要面朝东方，以求神仙引渡而达于天国，大概这就是晚年时期的秦始皇的最大愿望。

有人认为，秦国地处西部，为了彰显自己征服东方六国的决心，秦王初建东向的陵墓；并吞六国之后，为了使自己死后仍能注视着东方六国，始皇帝矢志不改陵墓的设计建造初衷，所以我们看到的陵墓是东西朝向。

还有人认为，秦始皇陵坐西向东与秦汉之际的礼仪风俗有关。根据有关文献记载，当时从皇帝、诸侯到上将军，乃至普通士大夫家庭，主人之位皆坐西向东。秦始皇天下独尊，为了保持"尊位"，陵墓的朝向可想而知。

| 拓展思考 |

1. 秦始皇陵比起其他君王的墓来说有哪些显著的特点？
2. 你知道现在对秦始皇陵的考古进展如何了？
3. 秦始皇为什么用那么多的泥人泥马来陪葬？

中国神农架—— 幽静探秘

Zhong Guo Shen Nong Jia—— You Jing Tan Mi

提起神农架，人们脑海中第一个想到的就是"野人"。从古至今，关于野人的记载非常多，以至于让我们很难去辨别它的真伪。1977～1980年，有关部门组织了两次大规模的野考，搜集到大量关于野人存在的证据，如野人毛发、脚印、粪便等，还发现野人住过的竹窝。这个考察结果告诉人们，神农架的确存在一种不为人们所知的奇异动物。

◎概述

在远古时期的神农架，林区的面积还是一片汪洋大海，但是在经过燕山和喜马拉雅运动之后，逐渐地被提升为多级陆地，并形成了神农架群和马槽园群等具有鲜明地方特色的地层。从我国的地势来看，神农架位于我国第二阶梯的东部边缘处，它是由大巴山脉东延的余脉组成的中高山地貌，在园区内它的山体非常高大，由西南向东北逐渐降低。神农架的山峰多在1500米以上，其中海拔3000米以上的山峰有六座，海拔2500米以上山峰二十多座，最高峰神农顶海拔3100多米，称为华中第一峰，所以神农架也有"华中屋脊"之称。西南部的石柱河海拔仅398米，为境内最低点，相对高差达2700多米。

◎气候特征

位于中纬度的神农架属于是北亚热带季风气候，气温是常年偏凉而且多雨，年平均气温大约为十二度，年降水量900～1000毫米。由于一年四季受到湿热的东南季风和干冷的大陆高压的交替影响，以及高山森林对热量、降水的调节，使它具有夏天不热冬天不冷的舒适气候，当南方城市夏季普遍是高温时，神农架仍是一片清凉世界。

神农架的气候也是随着它的海拔而不断抬升的，海拔抬升100米的话，相对的气温也会降低1℃左右，季节差不多相差三到四天左右。随海拔增高依次更换的气候是暖温带、中温带、寒潮带等多种气候类型，境内不同地点的温度从冬季最低零下20℃至夏季最高37℃之间。九月底到次年四月为神农架的冰霜期，"山脚盛夏山顶春，山麓艳秋山顶冰，赤橙黄绿看不够，春夏秋冬最难分"是神农架气候的真实写照。神农架立体型的小气候是非常的明显的，"东边日出西边雨"的现象常有发生。它的气候变化规律也非常大，有"六月雪，十月霜，一日有四季"之说。

◎资源状况

古老漫长的地理变迁和相对封闭的自然环境，使神农架全境蕴藏着丰富的自然资源。

一是生物资源，现有的森林面积 1618 平方千米，活立木蓄积量 2000 多万立方米，实施"天保工程"后，森林年净增长量 290000 立方米。在这里还有各种不同的植物，大约有 3700 多种。所以说，神农架是名符其实的"物种基因库""天然动物园""绿色宝库"。

二是旅游资源，神农架保存完好的原始生态与亿万年来形成的亘古地貌，孕育了众多自然景观，在它的园区内奇山异石、奇洞异穴、奇花异草、奇兽异鸟应有尽有。这里山峰瑰丽，清泉甘冽，风景绝妙。神农顶是"华中第一峰"，它的风景区也有"神农第一景"之称。

三是水能资源，神农架境内地表水资源非常丰富，而且沟谷也非常深，落差比较大，它的主要发源地是区内的香溪河、沿渡河、南河、堵河四大水系，年地表径流量约 22 亿立方米，水的储藏量能够达到 53 万千瓦，近期可供开发的 27 万千瓦，现仅开发将近 7 万千瓦。

四是矿产资源，神农架的矿产资源十分丰富，以磷、硅为主，磷矿储量超过 1 亿多吨，它的储藏量非常集中，矿体裸露在外面，运输便利。

◎历史沿革

神农架的得名主要因为华夏始祖炎帝神农氏在这个地方架起树木作为梯子以便采集百草，尝百草，进而救死扶伤，并且还教会村民嫁接技术。1970 年 5 月，国务院批准将房县、兴山、巴东的 24 个公社和 2 个药材场、1 个农场划为神农架林区的行政区划，这是我国唯一以"林区"命名的省辖行政区。1971 年划归宜昌地区革命委员会管辖，1972 年 3 月复归省辖，1976 年 5 月划归郧阳地区革命委员会管辖，1983 年 8 月又复归省辖。

1980 年 11 月，省政府批准成立神农架林区人民政府，撤销神农架林区革命委员会，1985 年巴东代管的下谷坪、石磨、板桥河三乡移交神农架林区。

※ 中国神农架地区

◎野人之谜

　　神农架的奇幻、神秘不仅仅表现在它的景观上，更重要的是它拥有着一种传奇性的动物——"野人"（称"雪人"或"大脚怪"）。在二十世纪五十年代以来，神农架不时有"野人"存在的报告传来。

　　1976年5月，中国科学院组织了"鄂西北奇异动物考察队"深入神农架原始林区，寻找"野人"足迹，它们收集到了"野人"的烘便、毛发等实物，也测查了"野人"脚印。经初步鉴定，"野人"是一种接近于人类的高级灵长类动物。近几年来，又有多名考察队员和游人目睹了"野人"的存在。但是到目前为止，还没有捕获到一个活的"野人"，因此神农架地区的"野人"仍是一个谜。在1977年至1980年期间，有关部门组织了两次大规模的野外考察，搜集到野人毛发数百根，发现野人脚印数百个、粪便多处，还发现野人住过的竹屋。这些考察的结果都说明，在神农架地区一些未知的奇异动物还是存在的。

　　我国关于"野人"的记载大概是在春秋战国时期，古书上曾提到，周成王时，西南一相蕃国有人捉到一只狒狒（古代对"野人"的称呼之一）

献给相蕃国国王。古书中对"野人"的描述与现代"野人"十分相像，著名诗人屈原也曾以酷似"野人"的动物为素材，写了一首《九歌·山鬼》：若有人兮山之阿，被薜荔兮带女萝，即含睇兮又宜笑，子慕予兮善窈窕。屈原的老家就在现在湖北神农架南的秭归县，屈原笔下的"山鬼"与神农架的"野人"是一种巧合吗？还是真实的记录？唐朝、清朝也都有过关于"野人"的记载。在不同的历史时代，对"野人"的记载和传闻都不一样。

神农架是一个原始神秘的地方，独特的地理环境和区域气候，造就了神农架众多的自然之谜。

"野人"之谜是当今世界未被破解的四大谜之一，在当今世界，许多国家和地区都曾发现过"野人"的踪迹，而且不同地区的人们对其有着不同的称呼，如北美和俄罗斯西伯利亚分别被称为"沙斯夸之"和"大脚怪"。在西方，自古罗马时代就有关于"野人"的描绘。

▶ 知识链接

在神农架古老的谜一样的山林里，积淀着古老的谜一样的文化。独具魅力的神农架文化像一樽陈年老酒，香飘万里，醉人心脾，令人心往神驰。神农架文化具有区别于其他地区文化的显著特点：这就是古老的山林特色。既保留了明显的原始古老文化的痕迹，又具有浓厚的山林地域风貌，其区域文化特色被视为亚洲少见的山地文化圈——高山原生态文化群落带。

拓展思考

1. 最适宜去神农架的季节是什么时候？
2. 你对神农架区的景观知道多少？

巴比伦的"空中花园"

Ba Bi Lun De "Kong Zhong Hua Yuan"

提 到巴比伦文明，首先我们想到的就是令人浮想翩翩的"空中花园"，它被誉为世界八大奇迹之一。巴比伦的空中花园并不是吊于空中的，这个名字的由来纯粹是因为人们把原本除有"吊"之外，还有"突出"之意的希腊文"kremastos"及拉丁文"pensilis"错误翻译所致。

◎ 概述

"空中花园"可以作为上古时代巴比伦人的卓越成就，带给当地人们无比的骄傲，来到巴比伦的旅客们经常会感叹它所带来的伟大奇观。空中花园的建立是工程学上的惊人体现，并在层层叠叠的花园中栽种了各式各样的树、灌木、以及藤蔓。据说空中花园看起来就像是由泥砖塑成的绿色高山，在城市的中央高高的升起。

空中花园，又称悬园。它是公元前六世纪由新巴比伦王国的尼布甲尼撒二世在巴比伦城，为患了思乡病的王妃安美依迪丝而修建的，现在已不存在。据说空中花园采用立体造园手法，将花园放在四层平台之上，由沥青及砖块建成，平台由25米高的柱子支撑，并且有灌溉系统，奴隶不停地推动连系着齿轮的把手。园中种植各种花草树木，远远看去就像是一座花园悬挂在半空中。

在巴比伦文献中，空中花园一直是个谜，甚至没有一篇提及空中花园。新巴比伦人学会了用色彩明快的上釉砖建造这些最主要的纪念物，所以巴比伦城的色彩令人吃惊。著名的例子是"世界七大奇迹"之一的巴比伦城墙，墙面主要以亮丽的蓝色为底色，再加上由黄、白两色组成的狮子，公牛和龙的图案散布在城墙各处，由上到下一层一层地排序着，昂首阔步，栩栩如生。

◎ "空中花园"的阐述

"空中花园"和巴比伦文明其他的著名建筑一样，早已淹没在滚滚黄沙之中。而我们想要了解"空中花园"，只能通过后世的历史记载和近代的考古发掘。有些记载虽然提到了"空中花园",但认为传说中的"空中花园"并不是由尼布甲尼撒二世建造的,而是一位叙利亚国王为取悦他的一个爱妃而特意修筑的。有些记载甚至认为传说中的"空中花园"实际上指的是亚述国王辛那赫里布在其都城尼尼微修筑的皇家园林。

※ 巴比伦空中花园想象图

◎动人传说

千百年来,关于"空中花园"有一个美丽动人的传说。新巴比伦国王尼布甲尼撒二世娶了米底的公主安美依迪丝为王后。公主美丽可人,深得国王的宠爱。可是时间一长,公主愁容渐生,尼布甲尼撒不知这是为什么。公主说:"我的家乡山峦叠翠,花草丛生。而这里是一望无际的巴比伦平原,连个小山丘都找不到,我多么渴望能再见到我们家乡的山岭和盘山小道啊!"原来公主得了思乡病。于是,尼布甲尼撒二世令工匠按照米底山区的景色,在他的宫殿里,建造了层层叠叠的阶梯型花园,上面栽满了奇花异草,并在园中开辟了幽静的山间小道,小道旁是潺潺流水。工匠们还在花园中央修建了一座城楼,矗立在空中,巧夺天工的园林景色终于博得公主的欢心。

▶知识链接

·名字的由来·

由于花园比宫墙还高,给人感觉像是整个御花园悬挂在空中,因此被称为"空中花园",又叫"悬苑"。当年到巴比伦城朝拜、经商或旅游的人们老远就可以看到空中城楼上的金色屋顶在阳光下熠熠生辉。所以,到公元2世纪,希腊学者在品评世界各地著名建筑和雕塑品时,把"空中花园"列为"世界七大奇观"之一。从此以后,"空中花园"更是闻名退迩。

拓展思考

1. 巴比伦王国灭亡的时间是什么时候?
2. 世界著名的八大奇迹都包括哪些?

地球上的神秘地带

约旦的"死海"

Yue Dan De "Si Hai"

死海位于巴勒斯坦、以色列和约旦三国之间，是有名的内陆盐湖。死海是世界上最低的湖泊，湖长约为60多千米，面积约为800多平方千米。死海为地球上盐分布第二位的水体。

死海位于沙漠地带，降雨量非常少并且没有规律。冬季属于温暖气候，夏季非常炎热。死海西岸为犹太山地，东

※ 死海——盐的蕴藏地

岸为外约旦高原。进水主要靠约旦河，进水量与蒸发量差不多相等。由于夏季的蒸发量大，冬季又有水注入，因而湖面水位有季节性的变化。因为死海地区气温太高，即使约旦河流入死海大量的水，几乎也都被蒸发掉，从而留下了许多的盐。死海是个很大的盐储藏地，盐主要蕴藏在西南岸。

知识链接

死海为内流湖，水的惟一外流因素就是蒸发的作用，然而只有约旦河注入死海，因此约旦河河水流入的水量与蒸发的水量决定了死海的水位高低。近年来由于约旦和以色列向约旦河取水供应灌溉及生活用途，死海水位也正因此受到严重威胁，面对干涸的危险。

◎关于死海的传说

远古的时候，这里原来是一片大陆。村里男子们有一种恶习，有个叫鲁特的人劝他们改邪归正，但他们拒绝悔改。上帝决定惩罚他们，便暗中告诉鲁特，让他携带家人在某天离开村庄，并且告诫他离开村庄以后，不管身后发生多么重大的事故，都不准回头看。鲁特按照规定的时间离开了村庄，走了没多远，他的妻子因为好奇，偷偷地回头望了一眼。瞬间，好

端端的村庄塌陷了，而呈现在她眼前的是一片汪洋大海，这就是死海。她也因为违背了上帝的告诫，变成了石人。尽管经过多少世纪的风雨，她仍然立在死海附近的山坡上，扭着头日日夜夜望着死海。上帝还惩罚那些执迷不悟的人们：让他们既没有水喝，也没有水种庄稼。当然这是神话，是因为人们无法认识死海形成过程的一种猜测。其实，它的形成是自然界变化的结果。

"死海"其实是一个湖，是由阿德西高山流下来的泉水和约旦河水汇聚成的一个大湖。大量物质随着河水和泉水流到湖中沉积下来，日积月累，越来越多。使湖水含盐量高达 30% 左右。由于水中缺氧，湖中没有鱼类和水生动物，而岸周围也是草木不生，于是人们便把它叫做"死海"。

※ 死海

死海虽让大部分动植物在此地不能生存，但是也有它的优势，任何人掉入死海中，都会被海水的浮力托出水面。海水不但含盐量较高，并且矿物质含量非常的丰富，如果人们经常用海水浸泡身体的话，可以治疗关节炎等一些慢性疾病。另外，海底的黑泥也含有丰富的矿物质，对于护肤美容有一定的疗效，湖中大量的矿物质具有一定安抚、镇痛的效果。死海也是世界上水能资源丰富的地区之一，其中含有氯化钠、氯酸钾、氯化镁等资源，同时还蕴藏着石油。如今，由于严重的环境污染，水位出现了惊人的下降速度。

拓展思考

1. 死海是不是海？
2. 死海里有没有生物存活？

长白山天池—— 怪兽之谜

Chang Bai Shan Tian Chi—— Guai Shou Zhi Mi

长白山天池是中国最深的湖泊，位于吉林省东南部，是中国和朝鲜的分界湖，湖的北部在吉林省境内，是松花江之源。因为它所处的位置高，所以被称为"天池"。长白山原是一座火山，当火山爆发喷射出大量熔岩之后，火山口处形成盆状，时间一长，慢慢的水积成湖泊，形成了现在的天池。

◎地理位置

长白山天池是由1702年火山喷发后火山口的积水而成，它处于长白山的主峰白头山顶上。湖面的海拔是2155米，面积将近10平方千米，平均水深200多米。

地理坐标为北纬42°，东经128°。它的周围是悬崖峭壁，群峰环绕。这里气候多变，常有蒸气弥漫，随时有风雨降临，出现雾霭茫茫的现象，仿佛在仙境里一样。

天气晴朗的时候，各种山峰的影子倒影在碧池中，色彩缤纷，景色怡人。周围有小天池镜湖、长白温泉带等诸多胜景。

◎景观

天池的水从一个小缺口上溢出来，流出约1000多米，从悬崖上倾泻而下，然后形成了著名的长白山瀑布。长白山除了天池和长白山瀑布外，还有不少湖泊的瀑布。天池旁边有一个小天池，又叫长白湖，水也是碧蓝的。

在树林间的岳桦瀑布和在半山腰的梯云瀑布，规模也不小。此外，在长白山瀑布不远处有长白山温泉，这是一个分布面积达1000平方米的温泉群，共有13眼向外涌水的温泉。

◎天池的形状

天池的整体形状是椭圆形，周围长约 13 多千米，南北长 4 千米，东西宽 3 千米，平均水深 200 多米。据说中心深处达 373 米。在天池周围环绕着 16 个山峰，天池犹如镶在群峰之中的一块碧玉。这里常会出现云雾茫茫的现象，还常伴有暴雨冰雹，不是所有的游人都能看到她秀丽的面容。

※ 长白山天池风景

天池的蓄水量达到 20 亿立方米，是一个巨大的天然水库。天池的水来源主要是大自然的降水，即雨水和雪水，以及地下泉水。天池湖水深幽清澈，像一块瑰丽的碧玉镶嵌在群山环绕之中。长白山气候瞬息万变，使天池若隐若现，绘出了天池"水光潋滟晴方好，山色空濛雨亦奇"的绝妙景象。

◎水怪之谜

长白山像一条玉龙，横跨在中国的东北边疆，它的景色闻名中外。天池本来就以澄澈的湖水、沸腾的温泉和轰鸣的瀑布吸引了无数的游客，自 1962 年 8 月，有人用望远镜发现天池水面有两水怪互相追逐游动以来，它的名声就更大了。

有相关部门在天池旁边建立了"天池怪兽观测站"，科研人员进行了长时间的观察，并拍摄到珍贵的资料，证明了在水中有不少生物，但具体是哪种生物，目前为止还没有任何进展。后来，他们又对天池的水进行过多次化验，又证明天池水中没有任何生物。但是，既然水中没有生物，那么，怪兽之说又怎么解释？它吃什么呢？这一连串的疑问使天池更加神秘，吸引了越来越多的人前往观赏。也曾有记者在天池拍摄到疑似水怪的东西，但放大看是朝鲜境内的快艇。

对天池水怪保持着疑问的人认为：天池由活火山口积水而成，形成时间并不长。

根据史书上的资料记载，长白山曾有三次喷发，即 1597 年、1668 年、1702 年，最后一次喷发距今只有三百年。假设确有这样一类大型动物在天池中生活，那么它们的食物来源都有问题，除微生物外，湖中没有发现其他生物，湖畔的草甸上也无啃吃的痕迹。因此，无法解释这类大型动物的食物来源。

还有一种观点认为，天池中常有时隐时现的礁石，也和动物一样有时候露出水面，有时沉入水中。还有火山喷出的大块浮石在水中漂浮，有风吹来也一动一动地在水面浮动，远远看去，如动物一样在水中游泳，也许这些就是天池水怪之谜的谜底。

◎神话传说

传说，天池原是太白金星的一面宝镜。西王母娘娘有两个花容月貌的女儿，谁也难辨姐妹俩究竟谁更美丽。在一次蟠桃盛会上，太白金星掏出宝镜说，只要用它一照，就能看到谁更美。小女儿先接过镜子一照，便羞涩地递给了姐姐。

姐姐对着镜子左顾右盼，越看越觉得自己漂亮。这时，宝镜说话了："我看，还是妹妹更漂亮。"姐姐一气之下，当即将宝镜抛下瑶池，落到人间变成了天池……。

还有一个传说，说长白山有一个喷火吐烟的火魔，使全山草木枯焦，整日烈焰蔽日，百姓苦不堪言。有个名叫杜鹃花的姑娘，为了降服作孽多端的火魔，怀抱冰块钻入其肚，以熄灭熊熊大火，火魔被消灭之后，山顶就变成了湖泊。

▶知识链接

·天池的形成原因·

长白山天池又称白头山天池，坐落在吉林省东南部，长白山位于中、朝两国的边界，气势恢宏，资源丰富，景色非常美丽。在远古时期，长白山原是一座火山。据史籍记载，自16世纪以来它又爆发了3次，当火山爆发喷射出大量熔岩之后，火山口处形成盆状，时间一长，积水成湖，便成了现在的天池。而火山喷发出来的熔岩物质则堆积在火山口周围，成了屹立在四周的16座山峰，其中7座在朝鲜境内，9座在我国境内。这9座山峰各具特点，形成奇异的景观。

拓展思考

1. 长白山天池的旅游季节是在什么时候？
2. 长白山有哪些著名的旅游景点？

间歇泉

Jian Xie Quan

间歇泉，顾名思义就是间断喷发的温泉，它一般发生在火山活动最活跃的地区，也有人把它比作是"地下的天然锅炉"。

◎概述

我国西藏地区的间歇泉是 1949 年后发现的，在搭各加地区的间歇泉发现的数量非常多，而且它们的喷发能量也非常大，可与国外各大间歇泉相媲美。

具有神奇泉水的间歇泉位于雅鲁藏布江上游，它静静的流淌着。间歇泉主要形成过程是在一系列短促的停歇和喷发之后，随着一阵震人心魄的巨大响声，高温水汽突然冲出泉口，即刻扩展成直径 2 米以上、高达 20 米左右的水柱，柱顶的蒸汽团继续翻滚腾跃，直直的冲向蓝天。

◎形成原因

间歇泉的成因：在火山活动地区，熔岩会使地下层的水变成水气，水气会沿着裂缝上升，当温度下降到汽化点以下时，就会凝结成为温度很高的水，这些积聚起来的水以及地层上部的地下水沿地层裂隙上升到地面，每间隔一段时间喷发一次，形成间歇泉。间歇泉喷出的水中含有矿物质，当那些水分蒸发或是又重新深入到地表时，这些矿物质就会沉积下来。随着时间的推移，日积月累的矿物质能形成各种奇怪的形状，像火山锥，比如火山口。有时，间歇泉还能"制造"出柱形的矿物质沉积物。虽然科学家已揭开了间歇泉的神秘面纱，但人们仍为它雄伟而瑰丽的喷发景观所着迷。

◎传说

相传在很久很久以前，在这里居住的人们过着十分美满和幸福的生活。有一天，民族村大寨的王家和小寨的熊家都添了子女，男孩叫阿建，女孩名阿娣。他们的父母就为他们定了"娃娃亲"。他们长大成人后，他们的父母准备为他们办婚事。

有一天，村里来了一个衣着打扮十分华贵的青年，他被阿娣的容貌打动，向阿娣的父母提出要娶阿娣为妻。阿娣的父母把阿娣已经婚配于人的情况做了说明，但是那人执意要娶阿娣，而且第二天派人送来了无数珠宝和绸缎作为聘礼。心有所属的阿娣怎么也不答应这门婚事，于是，那位青年发怒说："这门婚事，必须答应，而且必须在十日之后明确答

※ 间歇泉

应，否则你们村所有的人都会后悔一辈子的。"

十天以后，那个青年按时到了阿娣的家中提亲，还是遭到阿娣的拒绝，于是他愤怒地走了。

第二天，民族村水井里的水越涨越多，很快就把所有的平地和庄稼都淹没了，眼看就要把整个村庄都变成海洋，人们都搬到了山上。大家对这突如其来的灾难感到束手无策，于是人们想起那位提亲未成的青年说过的话，请了当地有名的摩师来测算，才知道那位青年是主管当地的一条劣龙。他常常化成凡人来到世间索取财物，人们不满足他的要求，便为难当地的百姓。这次他看到阿娣又起了色心，遭到拒绝后便加害于当地的人们。阿建和阿娣与当地的人们一起商量对策。大家决定，一方面要让大水尽早撤退，另一方面是彻底制服劣龙，不能让他再次危害当地的人们。阿建主动承担了打通地下阴河的责任。后来，摩师说他能用一道符章挂在劣龙的脖子上制住劣龙，但是谁敢把这道符章挂在劣龙的脖子上呢？此时阿娣站出来说："我能！"乡亲们便兵分两路开始行动起来。

第一天黎明，村里的青年都赶到准备施工的现场，阿建对大家说："我找到了一处好施工的地方，我下去挖土，你们负责在上面把土搬运到其他地方。"在阿建的带领下，大家很快挖出了许多土。但是，不到半天遇到大石板，于是阿建下水去找石板最薄的地方，直到天黑才找了合适的地方。

第二天，人们开始破石，由于当地的山石坚硬，工作开展非常艰难。阿建常常潜到水下一两个小时，强壮的阿建累的脸色发白。

第三天，水面上突然出现了一个巨大的旋涡，大水很快就退了下去，

但是阿建再也没有上来。而在挖掘好的通道旁出现了一座独立的山，就是现在的天印山，人们把它看成被大水卷走的阿建。就在阿建去打通地下通道的那天，阿娣连夜赶做了一条精美的项链，并把摩师画的符章藏在里面，独自一人带着项链在劣龙住所旁的一棵柳树下乘凉。劣龙把项链戴上后，感觉脖子被什么东西卡得越来越小，就问阿娣是什么原因，阿娣说："也许你不是真心爱我，或是你本来就是个说话不算数的人吧。"劣龙一气之下杀死了阿娣。

由于劣龙的口被固定以后，他再也不能作劣了。于是，间歇泉的水一年四季都没有多大的变化，只是在劣龙出气的时候才会大一些，劣龙吸气的时候就会小一些，所以就形成了今天的间歇泉。

阿娣死后，人们发觉在她倒下的地方长出了许多从前没有的树，人们就把这种树叫做相思树，之后，这里的人们又重新过上了安稳而幸福的生活。

◎关于间歇泉喷发的事件

在西藏雅鲁藏布江上游搭各加地区考察的我国科学工作者，有一段描述当地喷泉喷发时情景的报道："我们遇到一次令人难忘的特大喷发：在一系列短促的喷发和停歇之后，随着一阵震撼人心的巨大吼声，高温气、水突然冲出泉口，即刻扩展成直径两米以上的气水柱，高度有 20 米左右，柱顶的蒸汽团继续翻滚腾跃，直捣蓝天，景象蔚为壮观。"

间歇泉是一种热水泉，这种泉的泉水不是从泉眼里不停地喷涌出来，而是一停一溢，好像是憋足了一口气，才狠命地涌出一股子来。

▶ 知识链接

·名字的来源·

间歇泉喷出来的时间并不长，喷了几分钟、几十分钟以后就自动停止，隔一段时间，又会发生一次新的喷发。如此循环，喷喷停停，停停喷喷，间歇泉的名字就是这样来的。

　|拓展思考|

1. 著名的间歇泉都有哪些？
2. 间歇泉会长时间的喷发吗？

地球上的神秘地带

昆仑山"地狱之门"

Kun Lun Shan "Di Yu Zhi Men"

令人望而却步的昆仑山"地狱之门",也就是我们所说的昆仑山死亡谷,号称昆仑山的"地狱之门"。

◎概述

昆仑山死亡谷又名那棱格勒峡谷,位于青藏高原昆仑山区,东起青海布伦台,西至沙山,全长105千米,宽约33千米,面积约3500平方千米,海拔3200~4000米。死亡谷的发源地是在6000多米高昆仑山上的那棱格勒河,在它的南面有昆仑山主要的脊梁直直的插入云霄,它的北面是阻挡着柴达木盆地的祁连雪山。

◎故事

相传,在昆仑山生活的牧羊人宁愿让他们没有肥草可吃的牛羊饿死在戈壁滩上,也不敢进入昆仑山那个牧草繁茂的古老而沉寂的深谷,因为这个谷地就是死亡谷,谷里四处布满了狼的皮毛、熊的骨骸、猎人的钢枪及荒丘孤坟,向世人渲染了那种阴森恐怖的死亡气息。

这是新疆地矿局某地质队亲眼所见的故事:

1983年,有一群青海省阿拉尔牧场的马因贪吃谷中的肥草而误入死亡谷,一位牧民冒险进入谷地寻马。几天后,人没有出现,而马群却出现了。后来,他的尸体在一座小山上被发现。衣服破碎,光着双脚,怒目圆睁,嘴巴张大,猎枪还握在手中,一副死不瞑目的样子。让人不解的是,他的身上没有发现任何伤痕或被袭

※ 昆仑山风光

46

击的痕迹。

在这场惨祸发生后不久，在附近工作的地质队也遭到了死亡谷的袭击。那是 1983 年 7 月，外面正是酷热难当的时候，死亡谷附近却突然下起了暴风雪。一声雷吼伴随着暴风雪突如其来，炊事员当场晕倒过去。根据炊事员回忆，他当时一听到雷响，顿时感到全身麻木，两眼发黑，接着就丧失了意识。第二天，队员们出外工作时惊诧地发现，原来的黄土已变成黑土，如同灰烬，动植物已全部被"击毙"。

在接下来的时间里，地质队迅速组织起来考察谷地，在考察之后发现该地区的磁异常极为明显，而且分布范围很广，越深入谷地，磁异常值越高。在强大的电磁效应的作用下，云层中的电荷和谷地的磁场发生了作用，导致电荷放电现象的发生，而这里也成了多雷区，而雷所攻击的对象往往是奔跑的动物。这样推测也是对连续发生的几个事件的最好解释。

◎推测发生原因

在这个磁场里，由于它的强大磁力，所以指南针在这里完全没用，仪器也不准。这里的地层，除有大面积三叠纪火山喷发的犟磁性玄武岩外，还有大大小小三十多个磁铁矿脉及石英闪长岩体，正是这些岩体和磁铁矿产生了比较巨大的地磁异常带。在夏季时，它会使受昆仑山阻挡而沿山谷东西分布的雷、雨、云中的电荷在这里汇集，形成超犟磁场，当接触到异物的时候，它便会发生最高层的放电现象，即"雷击"现象，造成人畜瞬间死亡。

考察队还探明了另一奇怪现象发生的原因，即为什么有时寻找不到死去的人和动物的尸骨。原来，这里是一个特殊的地带，它属于我国多年冻土层分布区之一，冻土层的厚度高达数百米，形成一个巨大的地下固体冰库。当夏日来临时，距离地表较近的上层冰冻泥土开始融化，然后形成了地下潜水和暗河。但是，因为土地的表面都被嫩绿色的青草遮盖住了，人们不容易发现。所以当人或者是牲畜误入其中时，一旦草丛下的地面塌陷下去，地下暗河就会很快把人畜拉入无底深渊，甚至是随着水流飘到很远的地方去，出现连尸首都找不到的现象。

但是，当地一些虔诚无知的牧民无法解释这一神奇的现象，认为这是魔鬼显灵作怪，只好跪拜祈祷希望不要受到这种侵袭，在万般无奈的情况下他们只好远远的避开，不敢再涉足此地。

在死亡谷里，打雷和暴雨经常发生。夏季的雷暴日多达五十多天，是昆仑山中其他地区的六倍。每当雷电风雨交加的时候，雷电既杀害了在谷地贪婪啃吃牧草的野牦牛等牲畜，也给谷地的土壤带来了丰富的天然化肥。人们知道，在空气中的氮是称为懒惰的气体，在正常的温度下，它们是不容易和氧气结合，但是当碰上雷电等高温条件时，它碰到氧气就被氧化成二氧化氮天然化肥。

雷电使谷地的牧场更加茂盛，所以吸引了更多的牲畜来这里寻找食物，但在另一方面又杀害了它们。在大自然中，它的神秘造化首尾相伴，自相矛盾又自我发展，同时也表现着人们所不能理解的平衡。

▶知识链接

·昆仑山简介·

昆仑山，又称昆仑虚、昆仑丘或玉山。亚洲中部大山系，也是中国西部山系的主干。西起帕米尔高原东部，横贯新疆、西藏间，伸延至青海境内，全长约2500千米，平均海拔5500～6000米，宽130～200千米，西窄东宽总面积达50多万平方千米。昆仑山在中华民族的文化史上具有"万山之祖"的显赫地位，古人称昆仑山为中华"龙祖之脉"。

| 拓展思考 |

1. 死亡谷真的有那么恐怖吗？
2. 请说出死亡谷的恐怖具体表现在哪些方面？

地球上的神秘地带

钱塘江大潮

Qian Tang Jiang Da Chao

钱塘潮指发生在浙江省的钱塘江流域，通过月球和太阳的引潮力作用，使海洋水面发生的周期性涨落的潮汐现象。

◎概述

钱塘江大潮是由于天体引力和地球自转的离心作用，加上杭州湾喇叭口的特殊地形所造成的特大涌潮。观潮始于汉魏（一世纪至六世纪），盛于唐宋（七世纪至十三世纪），历经两千余年，已成为当地的习俗。

◎形成原因

天时：钱塘潮发生的时间是在农历八月十六日至十八日，那个时候正好是太阳、月球、地球几乎呈现在一条直线上的时候，所以，这天海水受到的潮引力是最大的。

所谓潮引力，就是月球、太阳或其他天体对地球上单位质量物体的引力和对地心单位质量物体的引力之差，或地球绕地、月（日）质心运动所产生的惯性离心力与月（日）引力的合力。

地利：首先，这与钱塘江的口状喇叭形有关，但是，钱塘江南岸赭山以东近五十万亩围垦大地像半岛似地挡住江口，使钱塘江赭山之外形成十二工段酷似肚子大小的瓶子，潮水很容易进去，却很难出来。

杭州湾的外口的宽度大约 100 千米，它距离外十二工段也差不多有几千米，再加上江口东段河床突然上升，沙滩很高而水又很浅，所以当大量潮水从钱塘江口涌进来时，由于江面迅速缩小，使潮水来不及均匀上升，就只好后浪推前浪，层层相叠。

其次，还与钱塘江水下的尘沙很多有关，这些沉沙对潮流起阻挡和摩擦作用，使潮水前坡变陡，速度减慢，从而形成后浪推前浪，一浪叠一浪涌的壮烈场面。

风势：沿海一带常刮东南风，风向与潮水方向大体一致，助长了潮势。

◎为什么钱塘秋潮如此壮观而又如此准时

钱塘江的涨潮时间很准时，对此，有一个传说：春秋战国时期，在现在的江苏、安徽一带有一个吴国，吴王夫差打败了今浙江一带的越国。越王勾践表面上向吴国称臣，暗中却卧薪尝胆，准备复国。此事被吴国大臣伍子胥察觉，多次劝说吴王杀掉勾践。由于有奸臣在吴王面前屡进谗言，诋毁伍子胥。吴王奸忠不分，反而赐剑让伍子胥自刎，并将其尸首煮烂，装入皮囊，抛入钱塘江中。伍子胥死后九年，越王勾践在大夫文种的策划下，果然灭掉了吴国。但越王也是比较相信谗言，以至于他让文种自刎了。伍子胥与文种这两个敌国功臣，虽然分居钱塘江两岸，各保其主，但下场一样，同恨相连。他们的满腔恨意，化作滔天巨浪，掀起了钱塘怒潮。

当然，传说不过是传说。钱塘秋潮如此之盛的原因，主要是它独特的地理条件。钱塘江外杭州湾，外宽内窄，外深内浅，是一个非常典型的喇叭状海湾。出海口江面宽达100千米，往西到澉浦，江面骤缩到20千米。到海宁盐官镇一带时，江面只有3千米宽。起潮时，宽深的湾口一下子吞进大量海水，由于江面迅速收缩变窄变浅，夺路上涌的潮水来不及均匀上升，便都后浪推前浪，一浪更比一浪高。到大尖山附近，又遇水下巨大拦

※ 钱塘江

门沙坝，潮水一拥而上，掀起高耸惊人的巨涛，形成陡立的水墙，酿成初起的潮峰。

◎是不是所有喇叭状的海湾都能产生涌潮

是不是所有喇叭状的海湾都能产生涌潮的现象呢？答案是否定的。海宁大潮的形成，还有其他原因。在浙江沿海地带，特别是夏秋季节交替，东南风盛行的时候，它的风向和潮波的涌进方向大体上一致，风借助了潮水的势力，起到推波助澜的作用。潮波的传播速度在深水中比较快，在浅水中的速度就相对慢一些。钱塘江由深变浅的特点极为突出，这种特殊条件，能使后浪很快赶上前浪，层层巨浪叠加，形成潮头。此外，潮涌与月亮、太阳的引力也有关。东汉思想家王充在《论衡》中说："涛之起也，随月盛衰，小大满损不齐同。"因为在农历每月初一和十五前后，太阳、月亮和地球排列在一条线上，太阳和月亮的引力合在一起吸引着地球表面的海水，所以每月初一和十五的潮汐就特别大。

※ 钱塘江壮观景象

◎钱塘秋潮会不会产生变化

钱塘秋潮一直处于变化之中。由于潮势的位置一直在变化着，所以人们的观潮点也在不断的变化。宋朝时的观潮点是在杭州构成直角的河谷地段。明朝以后，海宁盐官镇左近始成观潮胜地。随着现代江海的不断变化，它的最盛潮位曾西移头蓬，近年又有东移八堡之势。而最令人关注的是1985年钱塘江秋潮所表现的衰弱现象。

1985年农历八月十八日，按例是观潮的吉日良辰，这一天，游人们前往盐官镇观潮。可是，潮水来时，只见一条很细很细的银线，缓慢逼近，银线时隐时现，越近越连不成线，到了最近的时候，也就仅仅是几片浪花而止，涌潮高度只有50～60厘米，使观潮者们大为扫兴，从此，就有人担心钱塘秋潮会这样就消失了。

事实上，钱塘江秋潮没有消失，但是，秋潮的确渐渐衰弱了。据有关人士分析，主要原因是在澉浦以西已累计围垦海涂八十万亩，使八堡以上的河道变窄，造成进潮量减少，河床抬高。再加上1985年的梅雨时节，所以造成了钱塘江的流量比每年的平均数减少了三分之一，对泥沙的冲刷力大大减弱。大量被海潮带上来的泥沙淤积在同一地区的江面上，造成了这一带江面的淤积，迫使江道主线南移。这样，当海潮涌进钱塘江时，它都会逆流而上往南行，由于流路加长，潮的能量消耗过大，当海潮到达盐官镇时，已经是"精疲力竭"，成了"强弩之末"。

▶ 知识链接

· 观潮指南 ·

"八月十八潮，壮观天下无。"这是北宋大诗人苏东坡咏赞钱塘秋潮的千古名句。千百年来，钱塘江以其奇特卓绝的江潮，不知得到多少游人的称赞。

每年的农历八月十八前后，是观潮的最佳时节。这期间，秋阳朗照，金风宜人，钱塘江口的海塘上，游客群集，兴致盎然，争睹奇景。

◎钱塘江的景观

交叉潮

如果你想观看十字交叉潮的话，那么你应该选择的最佳的地理位置是在距杭州湾55千米处有一个叫大缺口的地方。由于长期的泥沙淤积，在江中形成一个沙洲，这个沙洲把从杭州湾涌来的潮波分成两股，即东潮和南潮，两股潮头在绕过沙洲后，就像两兄弟一样交叉相抱，形成变化多端、异常壮观的交叉潮，呈现出"海面雷霆聚，江心瀑布横"的壮观景象。就在两股潮相碰的那一瞬间，会激起一股数丈的水柱，那真的是浪花飞溅，惊心动魄到极点。待到水柱落回江面，两股潮头已经呈十字形展现在江面上，并迅速向西奔驰。同时交叉点像雪崩似的迅速向北转移，撞在

地球上的神秘地带

顺直的海塘上，激起一团巨大的水花，跌落在塘顶上，吓得观潮人纷纷尖叫着避开。

一线潮

看过大缺口的交叉潮后，建议您赶快驱车到盐官，等待观看一线潮。还没有看到潮水的影子，基本上就会听到它的声音了。开始的时候，耳边传来轰隆隆的巨响，江面仍是风平浪静。响声越来越大，犹如擂起万面战鼓，震耳欲聋。紧接着，在不远处，雾蒙蒙的江面出现一条白线，迅速地向西移动，好像是"素练横江，漫漫平沙起白虹"。再近一点，白线变成了一堵水墙，逐渐升高，"欲识潮头高几许，越山横在浪花中"。随着一堵白墙的迅速向前推移，汹涌的浪潮就来到了眼前，它那万马奔腾的气势，雷霆万钧之力，势不可挡。

一线潮的景观并不是只有在盐官才有，但凡是在直直的江道上，而且还是没有沙洲的地方，潮头均呈一线，但都不如盐官的好看。原因是盐官位于河槽宽度向上游急剧收缩之后的不远处，东、南两股潮交会后刚好成一直线，而且潮还能集中在一起，潮头特别高，通常为1～2米，有时可达3米以上。真可谓是气势磅礴，蔚为壮观。

◎钱塘江的传说

很久以前，钱塘江涨潮的时候与其他各地的江潮一样，既没有潮头也没有声音。有一年，钱塘江边来了一位巨人，巨人的身躯非常高大，一迈步就从江这边跨到江那边了。他住在萧山县境内的蜀山上，引火烧盐。人们不知道他的名字，因为他住在钱塘江边，就叫他钱大王。钱大王力气很大，他用自己那条铁扁担，常常挑些大石块来放在江边，不久，就堆起了一座一座的山。

一天，他去挑自己在蜀山上烧了三年零三个月的盐。可是，这些盐只够他装满扁担的一头，因此，他在扁担的另一头系上块大石，放到肩试试正好，就挑起来跨到江北岸。这时，天气非常炎热，钱大王因为才吃过午饭，有些累了，便放下担子歇歇，没想到竟打起瞌睡来。正巧，这时东海龙王出来巡江，潮水涨起来了，竟涨到岸上来，把钱大王的盐慢慢都溶化了。东海龙王闻闻，水里哪来这股咸味呀，而且愈来愈咸。他受不了，返身就逃，逃到海洋里，把海水都弄咸了。这位钱大王睡了一觉，两眼一睁，看见扁担一头的石头还放在碛石（就是现在的碛石山），而另一头的盐却没有了！钱大王找来找去，找不着盐，一低头，闻到江里有咸味，他想：哦，怪不得盐没有了，原来被东海龙王偷去了。于是他举起扁担就打海水。一扁担打得大小鱼儿都震死，两扁担打得江底翻了身，三扁担打得东海龙王冒出水面求饶命。东海龙王战战兢兢地问钱大王，究竟为什么发这样大的脾气。钱大王说："你把我的盐偷到什么地方去了？"东海龙王这才明白海水变咸的原因。连忙赔了罪，就把自己怎样巡江，怎样把钱大王的盐无意中溶化了，以至于使江水变咸了，都一一告诉了他。听了之后，钱大王心里好气呀，真想举起铁扁担，一下把东海龙王砸烂了才甘心。东海龙王慌得连连叩头求饶，并答应用海水晒出盐来赔偿钱大王，以后涨潮的时候就喊叫，免得钱大王睡着了听不见。钱大王听听这两个条件还不错，便饶了东海龙王，把自己的扁担向杭州湾口一放，说："以后涨潮的时候就在这里叫起！"东海龙王连连答应，钱大王这才高高兴兴地走了。

从那个时候起，潮水一进杭州湾，就伸起脖子，"哗哗哗"地喊叫着，涨到钱大王坐过的地方，脖子伸得顶高，叫得顶响，这个地方就是如今的海宁，举世闻名的"钱江潮"就是这样来的。

拓展思考

1. 除了文中所说的钱塘江的景观，你知道的还有哪些？
2. 钱塘江的涨期是在什么时候？

地球上的神秘地带

欧

第二章

OUZHOUSHENMIDIDAIYILAN

洲神秘地带一览

巴黎地下墓穴

Ba Li Di Xia Mu Xue

巴黎地下墓穴，又被称为是巴黎地下隧道，它距离地面 20 米，总长度约为 300 多千米，主要分布在巴黎四区、五区和十五区的地下，以及蒙玛特高低地下。它的挖掘从中世纪开始，最初是地下采石场的通道，巴黎圣母院以及巴黎市区的石头建筑，大都是巴黎地下挖掘的石头建造的，这样的石头工程持续了很长时间。

◎简介

十八世纪，巴黎出现了天花疫症以及瘟疫事件，造成了大量居民死亡，而地面的公墓面积严重不足，于是，当时的市长决定挖坑，将死者埋进土中，一个月后再把剩下的骨头挖出来填进地下坑道和一些地下建筑中，所以，部分地下隧道能通往这些放满骨头的地下建筑中。到了二十世纪初，进一步开发隧道，将其作为电话线的通信管道。如今这些电话线已经被废弃，但由于成本问题，政府宁愿将它们就那样放在地下也不去收拾，所以，我们可以在两段隧道中的旁边看到排列密密麻麻的电缆线。二战时，这些错综复杂的地下通道被用于自由法国的秘密指挥部，一个著名的地下大厅曾经被当做作战时的指挥室和避难场所。

举世闻名的巴黎地下墓穴原来是一个废弃的采石场，整个地下墓穴总占地面积是一万多平方米，1994 年，巴黎政府将 300 千米地下隧道中 1 千米左右的开放为参观区域，阴森潮湿昏暗的地道高约 2～3 米，一边是石墙，另一边是成堆的骨头，中间宽度仅 2 米左右。

◎地下墓穴的结构

这项工程由教士们操作和完成，其工作量比预计大很多，直到 1810 年才正式完成，最后堆放的尸骨约在 600～700 万具之间。因为太多尸骨无法相配，还有一部分是没办法找到头颅的，最后教士们不再寻找整个人的骨头，而是将骨头根据类别分类堆放，只简单地标志出某堆骨头是哪一年，从哪个公墓转移而来，零星地设了几块刻上几句拉丁文铭文的石碑。

当走进这些地道时，除了感叹地道本身的宽敞外，还会惊讶地发现，大腿骨被排列成了比较整齐的骨头墙，碎骨头是用来填充的，而头盖骨则在大腿骨组成的墙上镶了几道边。在这里，骨头好像是客观存在的创作素材，让人忘记他们曾经是血肉之躯，是灵魂的载体。

◎历史典故

十八世纪的最后二十年是法国最激荡的二十年，在这个时期，皇帝和革命者先后一个一个被推上断头台，就算大革命如何血腥，人们还是要继续生存的，而且它的卫生条件还要改善。因为当时的政府正处于更换时期，所以那些被遗忘的工程基本上都是教堂在管理。这些虔诚刻苦的教士在混乱的环境中，负担起繁重肮脏沉闷的工作，竟然还会有时间和心思把那些遗骨整理的那么的洁净优雅，却还要把它们拼凑成一幅幅接近图案的形状！

探索地下王国，从几百万人的遗骨排列成的小径中穿过，不仅需要勇气，还需要一颗平静的心。回到地面，再一次呼吸到新鲜空气的你，一定对死亡有了新的敬畏。人的骨头可以这样不计尊严地堆放，却又被堆放得

※ 巴黎的地下墓

第二章 欧洲神秘地带一览 OUZHOUSHENMIDIDAIYILAN

如此有尊严。

◎地下墓区和巴黎人的不解之缘

　　毫无疑问，法国的大部分名人也是长眠在这里，其中，有讽刺作家弗朗索瓦·拉伯雷、哲学家孟德斯鸠和帕斯卡、科学家拉瓦锡、诗人兼作家拉封丹、大革命时期的罗伯斯庇尔及其政敌丹东、女作家赛维妮、路易十五的情妇蓬帕杜，甚至还有莫扎特的母亲。

　　地下墓区不仅是亡灵们的安息之地，更是因为它在动乱年代中庇护了众多生灵而笼罩上传奇色彩。1871年爆发了巴黎公社起义，失败之后，许多起义工人躲入墓区逃生。政府知道了这个消息后，他们打着火把四处搜查，还封死墓区出口，对幸存者进行了血腥镇压。第二次世界大战后期，法国抵抗组织也曾与这些尸骸为邻，将总部机关秘密设立于此，谋划出了埋葬法西斯的雄图大略。

▶知识链接

·天堂与地狱的思考·

　　地下墓场的变迁非常具有讽刺味道。巴黎圣母院、罗浮宫等宏伟建筑均由早期采石场内的石块建成。往日内不见天日的地底下的顽石，今朝成了世人景仰的大厦；然而，巴黎的建造者和设计者们——几代建筑师、劳工、商贾、士兵和农民——如今却长眠地下，不为人知。

拓展思考

　　1. 巴黎地下墓穴是不是真的很恐怖呢？
　　2. 它恐怖在哪里？

地球上的神秘地带

巨石阵—— 历史的困惑

Ju Shi Zhen——Li Shi De Kun Huo

在英国索尔兹伯里以北的古代巨石建筑所形成的遗迹，还有那阵中巨石的排列，可能是远古人类为观测天象而放置的，这推动了考古天文学的发展。

◎概述

巨石阵又称索尔兹伯里石环、环状列石、太阳神庙、史前石桌、斯通亨治石栏、斯托肯立石圈等，是欧洲著名的史前时代文化神庙的遗址，位于英格兰威尔特郡索尔兹伯里平原。在英国伦敦西南100多千米的索尔兹伯里平原上，这里可以看到一些巍峨巨石呈现环形状屹立在绿色的旷野间，这就是英伦三岛最著名、最神秘的史前遗迹——巨石阵。

公元1130年，英国的一位神父在一次外出时，偶然发现了巨石阵，从此这座由巨大的石头构造起来的奇特古迹，开始引起了人们的注意。

巨石阵的英文名字叫做"Stonehenge"。Stone意为"石头"，henge意为"围栏"，在英国人的心目中，这是一个神圣的地方。

◎建造时期

巨石阵大约建于公元前4000～2000年，属于新石器时代末期至青铜时代。2008年3月至4月，英国考古学家研究发现，巨石阵的准确建造年代距离现在约4300年，即建于公元前2300年左右。早在二十世纪五十年代，考古工作者就推断，巨石阵至少已有几千年以上的历史。考古证明，巨石阵的修建是分几个不同阶段完成。

▶ 知识链接

·最不可思议的特点·

巨石阵最不可思议的是石阵中心的巨石，这些巨石最高的有8米，平均重量近30吨，人们惊奇地发现，有不少重达7吨的巨石是横架在两根竖着的石柱上的。

◎巨石的来源

　　巨石阵的主要材料是蓝砂岩，小的有 5 吨，大的重达 50 吨。但在索尔兹伯里地区的山脉中并没有发现蓝砂岩。最后，考古学家在南威尔士普利赛力山脉中发现了蓝砂岩。经过这些考察的结论显示说明，在数千年前的人们，不仅能将坚硬的蓝砂岩从山体中开凿下来，还能轻松地将它原本粗糙的表面打造的那么光滑。考古人员在普利赛力山脉的采石场发现了一些废弃的石斧和金属工具，这些工具至少有两千多年的历史。根据考古人员的推测，那时候的建造者已经掌握了凿刻巨石的技术，巨石就是被这些工具从山体中开凿下来的。在找到需要的石块后，还要将这些较大的石块分割成预定尺寸的小石块，专家们只需要从石块的开凿的痕迹中就能判定出，当时的人们用的是一种木楔断口的方法，然后接下来需要做的就是用非常坚硬的沙砾来回的打磨石块，直到完成这最后的修整工作。

◎诸多谜团

　　一些专家提出，当时的人们可能利用到了冰川的特殊地貌这一主要特性，使这些石块运送到了巨石阵，但是在索尔兹伯里平原没有任何冰川的痕迹。所以，专家们在经过仔细的考察之后，认为这些蓝砂岩确实是通过人力从南威尔士被搬运到现在的位置，至于胆矾巨石是如何被辗转380千米移到这个地方的，到目前为止仍然是个谜。

◎巨石阵的用途

对于古代人来说，他们的生产力水平比较低下，他们费尽辛苦垒起这么一座"石头城"究竟想干什么？这个令人困惑不解的问题引起考古学家和每年数十万来自世界各地的旅游者们的猜测。

几个世纪以来，没有人了解巨石阵的真正用途，也没有人知道是谁建造了巨石阵，而古老的传说和人们的种种推测，让巨石阵更赋予了神秘的色彩。

多年以来，巨石阵吸引了众多的人们对它进行考察，人们对这座巨石阵的用途做出了种种猜测。有些人经过对它的考古研究探索，发现土堤内侧有多处墓穴，便根据这些推测它是古代部落首长的坟墓，那些出土的大量兽骨残骸则被怀疑是祭陵用的牺牲品。所以就有人判断，巨石阵是用来祭祀的场所，专门用来祭祖，还有结论认为这是一座古代天文台。牛津大学的霍金斯教授通过仔细观察和严密的计算认为，通过巨石阵石环和土环的结构关系，可以精确了解太阳和月亮的十二个方位，并且还能够准确的猜测出日月星辰在不同季节的起落时间，所以，这应当是一座古天文台。

真正大规模的考察发掘是在二十世纪后期，大约在1980年～1984年期间，英国考古学者对巨石柱遗址进行了发掘考察，通过现代科学技术手段，证明巨石阵最初建立的时间是在公元前3100年，距离现在差不多已经有五千多年的历史了。当时，这里有绵亘的森林，维塞克斯的原始部落就在这里繁衍生息。因此，学者们认为，这里是不列颠岛人类文明的发祥地。正是因为这个灿烂的维塞克斯文明，推动了英伦三岛的进步。公元五世纪的盎格鲁撒克逊王国就是在这一带建立的，这个王国在公元九世纪统一了全英格兰。

拓展思考

1. 思考一下有哪些可以架起巨石的方法？
2. 对于巨石阵，我国的科学家有多少种预测？

尼斯湖——待解的神秘面纱

Ni Si Hu——Dai Jie De Shen Mi Mian Sha

尼斯湖也被称为内斯湖，位于英国苏格兰高原北部的大峡谷中，湖长39千米，宽2千米多。虽然说它的面积不大，但是其谷深非常深，平均深度达200米，最深处有300米。尼斯湖一年四季不冻，它的两岸非常陡峭，树林也很茂密，湖北端有河流与北海相通。位于横贯苏格兰高地的大峡谷断层北端，是英国内陆最大的淡水湖。尼斯河是对外惟一的联络水道。

◎简介

尼斯湖是英国最大的淡水湖泊，位于贯穿苏格兰高原的大峡谷内，为苏格兰水道网的一部分，特尔福德将它和喀里多尼亚运河相连接。尼斯湖的水域超过1800平方千米，由奥伊赫河和安瑞科河及数个其他河流汇集而成。尼罗河是它的开端，然后注入马里湾。我们通常看到的湖水表面的波动是因温差而引起，但是造成水位大幅度起落的一个原因是缺乏水中植物，另一个原因是湖底深处靠海岸线很近。深湖中的动物非常少，尼斯湖像苏格兰高原和斯堪的那维亚的一些深湖一样，传说有水怪出现。尤其是尼斯湖岸公路通车以来，关于尼斯湖的怪物的目击报道越来越多。

◎水怪传说

关于水怪的最早记载可追溯到公元565年，爱尔兰传教士圣哥伦伯和他的仆人在湖中游泳，突然出现的水怪就向仆人扑去，多亏了教士的相救，仆人才得以逃生，游回到岸上。自此以后，十多个世纪里，有关水怪出现的消息多达一万多宗。但当时的人们对这些并不是很相信，认为这不过是古代人的传说，甚至是无稽之谈。

直到1934年4月，伦敦医生威尔逊途经尼斯湖，正好发现水怪在湖中游动。威尔逊连忙用相机拍下了水怪的照片，虽然说那个照片的质量不是很清楚，但还是很明确的显示出了水怪的模样：长长的脖子和扁小的头部，看上去完全不像任何一种水生动物，而很像早在七千多万年前灭绝的巨大爬行动物蛇颈龙。

蛇颈龙是生活在一亿多年前到七千多万年前的一种巨大的水生爬行动物，也是恐龙的远亲。它有一个细长的脖子、椭圆形的身体和长长的尾巴，嘴里长着利齿，主要的食物是四鱼类，是中生代海上的霸王。如果尼斯湖水怪真是蛇颈龙的话，那可以毫无疑问的说它是残留下来的最珍贵的史前动物，这一发现将在动物学上占有重要地位。

※ 尼斯湖水怪

◎为什么人们至今还不能捕获水怪？

这要从尼斯湖的特殊地质构造说起，原来，尼斯湖水中含有大量泥炭，这使湖水变得非常混沌，在水中的能见度就只有1米多。而且湖底地形复杂，到处是曲折如迷宫般的深谷沟壑。即使是体形巨大的水生动物也很容易隐藏在里面，且可以躲过电子仪器的监测。湖中鱼的种类是非常繁多，水怪在一般的情况下是不会外出捕食，而且这个湖又与海洋相接，水怪出入方便，因此，想要捕获水怪非常困难。所以，只要没真正找到水怪，这个谜就没有揭开。

直到现在，人们对于水怪是否存在的真相还是争论不休，但是谁也不能妄下结论。对此，英国作家齐斯特说道："许多嫌疑犯的犯罪证据，比尼斯湖水怪存在的证据还少，也就绞死了。"这倒不失为古今对水怪之谜的一个幽默而又巧妙的评价。

▶知识链接

·世界遗产·

由尼斯湖区域的商业团体组成的"终点尼斯湖"组织向联合国教科文组织提出了申报请求，如果成功，尼斯湖将与中国长城、埃及金字塔、澳大利亚大堡礁齐名。

拓展思考

1. 关于尼斯湖的同名电影有哪些？
2. 你认为尼斯湖水怪到底是不是真的存在呢？

诡秘幽灵岛

Gui Mi You Ling Dao

英国船长朱丽叶，在斯匹次培根群岛以北的地平线上发现了陆地，但他却没有办法靠近。他惟一可以确信的是，这不是光学错觉的作用，于是就将"陆地"标在地图上。之后又过了将近200年，海军上将玛卡洛夫的考察队乘"叶尔玛克"号破冰船到北极去，考察队员们再次发现了朱丽叶当年所见到的陆地。1925年，航海家沃尔斯列依也在这个地区发现了这个岛屿的轮廓。但在后来的1928年科学家们去考察时，却没有发现这地区有任何岛屿存在，这样的情况在地中海也曾经发生过。

1831年7月10月，一艘意大利船途经地中海西西里岛西南方时，船员们亲眼看到了一场突然冒出来的奇观，在海面上涌起一股差不多20多米高的水柱，在方圆700多米之内，转眼间它就变成了一团烟雾弥漫的蒸汽，升到近600米的高空。八天后，当这艘船返回时，发现这里出现了一个冒烟的小岛，四周海水中布满多孔的红褐色浮石和不计其数的死鱼。这座在浓烟和沸水中诞生的小岛，在以后十多天中不断扩展、伸延，由原来的4米长到了60多米高，周长也扩展到将近5000米。因为这座小岛所处的地理位置是在航运很忙且地理位置优越的突尼斯海峡，所以引起了各国的注意，并纷纷派人前往考察。正当各国在为建设这一新岛彼此争夺其主权时，它忽然开始缩小了，仅三个月左右便隐入水底。在以后的岁月里，它又多次露出水面，接着又隐藏起来。

1943年，日本海、空军在太平洋与美军交战中很不顺利，设在南太平洋所罗门群岛拉包尔的日本联合舰队总部，遭到美国空军的猛烈轰炸，为了疏散伤病员和一些战略物资，日本侦察机发现距拉包尔以南100多海里的海域，有一个无人居住的海岛，这个岛的面积约有几十平方千米，岛上绿树成荫，还有流水的小溪，更主要的是它不在主航道上，是一个疏散隐蔽伤病员的好地方。于是，日军将一千多名伤病员和一些战略物资运至这荒无人烟的海岛上，伤病员安置好后，日军总部一直与这里保持着联系，并经常运来食品和医疗用品。谁知一个多月后，无线电联系突然中断，军舰前来支援，但再也找不到该岛，一千多名伤病员与物资也随小岛一起失踪。在此期间，美国侦察机也发现过该岛并且拍下了的照片，发现

地球上的神秘地带

有日军躲藏，但派出军舰前来搜索，结果却扑了个空，可是这个海岛与岛上一千多人究竟到哪里去了呢？

战后，日本、美国不但派出大型海洋考察船前往这片海域搜索，而且派了潜水员深入海底寻找了较长时间，但最终还是没有发现任何踪迹。

为了监视前苏联海军核潜艇在太平洋海域的动态，美国中央情报局于1990年在太平洋战略要地海域的一座无人居住的小岛上偷偷安装了海面遥感监视器与美军军事间谍卫星遥相呼应，这座"谍岛"获得的情报直通五角大楼——美国国防部，凡在这一带海域过往的商船、军舰及在此出没的潜水艇、飞机等无不在五角大楼监视之中。1991年年底的一天，"谍岛"的监视与信息系统完全中断，五角大楼大为震惊。开始，他们怀疑是前苏联克格勃发现了这个秘密，有意破坏了美国间谍网点。于是，美国派出了一支巡洋舰队以演习为名，悄悄地详细调查这件事，但却扑了个空。舰队赶到出事地点时，"谍岛"已从太平洋中消失了。美国科学家认真地查核了这一带的海洋监测系统，并没有发现这一带海域发生过地震或海啸引起海底地形变化使小岛沉没水中的事件，也不可能是前苏联埋下数千吨炸药，这个小岛被摧毁了。那么，"谍岛"为什么失踪了？五角大楼陷入了茫然。

这些"幽灵岛"究竟是如何形成的？又是怎样消失的？各国海洋地质科学家都曾写文章分析这个谜团。美国海洋地质学家京利·高罗尔教授认为，幽灵岛上的岩石属于花岗岩，而且岛上的动物和植物也非常丰富，可见形成的年代非常悠久，暗河流是冲击不了的。他认为，主要是因为海底的猛烈震动以及海啸等原因使它们葬身海底，但因为这一带并没有海底地震和海啸发生，所以这一论证似乎又无法解析美国"谍岛"失踪之谜。日本海洋地质学家龙本太郎认为，南太平洋上来去匆匆的"幽灵岛"是由于澳大利亚沙漠底下巨大的暗河流冲入南太平洋的海底，带来巨大泥沙并在海底堆积增高，直至升出海面，形成泥沙岛，在汹涌暗河流的冲击下，泥沙岛又被冲垮而消失。

▶ 知识链接

类似的怪事还有很多，科学家们称这种行踪诡秘、忽隐忽现的岛屿为"幽灵岛"。它们不同于那种热带河流上常见的，由于涨水或暴风雨冲走部分河岸或沼泽地而形成的漂浮岛。

拓展思考

幽灵岛是真的存在吗？

比萨斜塔千年不倒

Bi Sa Xie Ta Qian Nian Bu Dao

坐落在意大利北部佛罗伦萨市的比萨斜塔，该塔在建到一半以上高度的时候，开始倾斜，斜度为 1.2～1.5 米，到现在它已经饱经了 840 多年的历史，有望创下"千年不倒"，甚至"万年健在"的记录。

◎建造历史

意大利比萨斜塔始建于 1173 年，由著名建筑师那诺·皮萨诺主持修建。它位于罗马大教堂后面右侧，是比萨城的标志。刚开始时，塔高设计为 100 米左右，但动工五六年后，塔身从三层开始倾斜，直到完工还在持续倾斜，在它被完全建好之前，它的塔顶就已经向南倾斜了 3 米多。1990 年，意大利政府将其关闭，开始进行整修。

在实际工作中，有关专家对比萨斜塔的全部历史以及塔的建筑材料、结构、地质、水源等方面进行了充分的研究，并采用各种先进的仪器设备进行测试。比萨中古史学家皮洛迪教授研究后认为，建造塔身的每一块石砖都是一块石雕佳品，石砖与石砖间的粘合极为巧妙，有效地防止了塔身倾斜引起的断裂，成为该塔斜而不倒的一个因素。从事观测该塔的专家盖里教授根据比萨斜塔近几年来倾斜的速度推测出，斜塔将会在 250 年后因为它的塔身的重心超出了塔基外缘的部分而倒塌。但是公共事务部比萨斜塔服务局的有关人员，对盖里教授的看法提出了反驳，认为只按照数学方式推算是非常不准确的，比萨斜塔是"一个由多种事实交织成的综合性问题"。还有一些研究者发现比萨斜塔的塔身有的时候是向东倾斜，有时又向南倾斜，他们同样认为，该塔在过去几百年间斜而不倒，那么，250 年后倒与不倒也不能局限于简单的假设和预测。

当然，最关心斜塔命运的自然是比萨人，尽管他们也对斜塔的倾斜感到担忧，但更多的是骄傲和自豪，他们为自己的故乡拥有一个可以和世界上著名的建筑相提并论的斜塔建筑而自豪。他们坚信它不会倒下，而且他们还有这样的一个俗语，比萨塔像比萨人一样健壮结实，永远不会倒下去。他们对那些要坚持把斜塔纠正竖直的人的做法感到非常痛恨，就像

1934年，在地基及四周喷入90吨水泥，实施基础防水工程，塔身反而更加不稳，向周围移动，倾斜得更快。

◎斜塔历史

过去人们曾一度认为钟楼是故意被设计成倾斜的，但是现在人们清楚地知道事实并非如此。作为比萨大教堂的钟楼，1173年8月9日开始建造时的设计是垂直竖立的，原设计为8层，高54.8米，它是独特的白色闪光的中世纪风格建筑物，即使后来没有倾斜，也将会是欧洲最值得注意的钟楼之一。但是1178年，当钟楼兴建到第4层时发现由于地基不均匀和土层松软，导致钟楼已经倾斜偏向东南方，工程因此暂停。期间的1198年，记载了钟楼内撞钟的存在，这标志着钟楼虽然倾斜，但至少悬挂了一个撞钟，实现了它作为钟楼的初衷。

1231年，工程继续，第一次有记载表明钟楼使用了大理石。建造者采取各种措施修正倾斜，刻意将钟楼上层搭建成反方向的倾斜，由此方便补偿已经发生的重心偏离。1278年进展到第7层的时候，塔身不再呈直线，而是为凹形。工程再次暂停。1292年，用铅垂线测量了钟楼的倾斜度。1360年，在停滞了差不多一个世纪后钟楼向完工开始最后一个冲刺，并作了最后一次重要的修正。1372年，摆放钟的顶层完工。54米高的8层钟楼共有7口钟，但是由于钟楼时刻都有倒塌的危险而没有撞响过。而且一直不断地向下倾斜。

◎建筑风格

比萨斜塔在没有任何争议的情况下就被评为是建筑史上的一座重要建筑，在发生严重的倾斜之前，它大胆的圆形建筑设计就已经向世人展现了它的独创性。虽然在更早时代的意大利的钟楼中，圆形设计的地基并不少见，类似的例子可以在拉文纳、托斯卡纳和翁布里亚找到。而比萨钟楼则被认为是独立于这些原型之外的。在更大程度上，可以说它主要借助前人建筑的经验，独立设计出圆形建筑的进一步更新，从而形成了独特的比萨风格，比萨大教堂和比萨斜塔形成了视觉上的连续性。

钟楼的圆形设计被认为是为了和旁边的大教堂的建筑形成鲜明的对比，所以才有意的模仿教堂半圆形后殿的曲线设计。更重要的是，钟楼与广场上对圆形结构的强调是相一致的，尤其是在宏伟的、同样是圆形的洗礼堂奠基以后，整个广场更像是有意设计成耶路撒冷复活教堂的现代版本。这种设计灵感来自于古典建筑，钟楼的装饰风格是根据大教堂和洗礼堂的风格装饰，它的墙面主要用大理石或是石灰岩砌成的两种深浅颜色的白色带。半露方柱的拱门、拱廊中的雕刻大门、长菱形的花格平顶、拱廊上方的墙面对阳光的照射形成光亮面和遮荫面的强烈反差，给人以钟楼内的圆柱相当沉重的假象。大教堂、洗礼堂和钟楼之间形成了视觉上的连续性。

▶ 知识链接 ......

·倾斜原因·

比萨斜塔之所以会倾斜，是由于它地基下面土层的特殊性造成的。比萨斜塔下有好几层不同材质的土层，各种软质粉土的沉淀物和非常软的粘土相间形成，而在深约一米的地方则是地下水层。这个结论是在对地基土层成份进行观测后得出的。最新的挖掘表明，钟楼建在了古代海岸边缘，因此土质在建造时便已经沙化和下沉。

拓展思考

1. 简述比萨斜塔的文化特征。
2. 比萨斜塔的解救方法是什么？

地球上的神秘地带

奇异的贝加尔湖之谜

Qi Yi De Bei Jia Er Hu Zhi Mi

贝加尔湖是世界上最深的淡水湖，也是蓄水量最大的湖泊，位于布里亚特共和国和伊尔库次克州境内。湖的形状是狭长的弯曲型，就像是一轮弯弯的新月，所以又有"月亮湖"之称。总长度约为636千米，平均宽48千米，最宽处70多千米，面积50000多平方千米，平均深度744米，最深点1680米，湖面海拔456米。

贝加尔湖的湖水清澈且有稳定的透明度，位列于世界上湖泊第二。总蓄水量23600立方千米，在它的两侧还有1000~2000米的悬崖峭壁包围着。在贝加尔湖周围，总共有大小336条河流注入湖中，最大的是色楞格河。安加拉河是惟一的一条从湖中流出的湖，年均流量是1870立方米/秒。湖水在注入安加拉河的地方，其宽度约1000米以上，汹涌的波浪可以冲向天际。在贝加尔湖构造缝隙中的四周围绕着山脉，这些山脉高度达到2500多米。在湖底的沉积物厚度超过了8000米，这就是为何贝加尔湖的实际深度为10~11千米，此深度可以和世界上最深处

的马里亚纳海沟比拼。

◎贝加尔湖的名称寓意

贝加尔湖的寓意有三个意思不同的答案。在《世界文化与自然遗产情景写真地图版》的解释是"富饶的湖泊";在《彩图版世界文化与自然遗产》则记叙:当地的布里亚特人称之为"贝加尔—达拉伊",意思是"天然之海";在《世界奇景探胜录》的文字是:"贝加尔"之名据说是大约1300年前住在这里的库里堪人起的,意思是"大量的水"。

追溯贝加尔湖最早的史书记载历史,应是在公元前110年前,那时,中国汉代的一个官员在其札记中称贝加尔湖为"北海",这可能由于贝加尔湖的俄语名称所造成。关于贝加尔湖名称来源还有一种解释:突厥人称贝加尔湖为"富裕之湖",突厥族语"富裕之湖"逐渐演化成俄语的"贝加尔湖"。我国的汉代称它为"柏海",元代称之为"菊海",十八世纪初的《异域录》称之为"柏海儿湖",《大清一统志》称为"白哈儿湖"。蒙古人称之为"达赖诺尔",意为"海一样的湖",早期沙俄殖民者亦称之为"圣海"。

◎似海非海的贝加尔湖

贝加尔湖的湖水蕴藏了世界淡水资源的百分之二十,仅这一湖淡水就

价值连城。贝加尔湖还有一个很高的称誉，就是"世界之井"，它不仅水量丰富，而且水质上乘，可以直接饮用，不必担心水中有可以传染的杂质，因为湖中的"清洁工"专门为湖水过滤消毒，那些在湖中特产的端足类虾每天可以把湖面以下50米深的湖水过滤七八次，把海水变成"纯净水"了。

贝加尔湖的湖水不咸，但为什么会生活着如此众多地地道道的"海洋生物"呢？

环斑海豹是当地的标志性动物，它的主要栖息地是在湖北部的乌什卡尼群岛。尽管贝加尔湖的海豹数以万计，但只有在那里的沙滩上才可以近距离看到，而在其他水域，环斑海豹除了浮出水面换气之外，大部分时间都是潜在水下的。

※ 贝加尔湖淡水海豹

另外，它们非常胆小，再加上视觉和听觉都很敏锐，所以船舶马达的轰鸣声常会把它们吓跑。

在贝加尔湖里生活着世界上惟一的淡水海豹，它在冬季时是通过把冰块咬开一个洞口来呼吸，由于海豹一般是生活在海水中的，所以人们曾经以为贝加尔湖由一条地下隧道与大西洋相连。实际上，海豹可能是在最后一次冰期中逆河而上来到贝加尔湖的，这样说来，海豹还算是来自北冰洋的"远方客人"了。别看它的体形圆而且很胖，但是它在水中是很灵活的，游泳速度可达到每小时20千米。海豹在陆地上的行动非常笨拙，这主要因为它的四肢为鳍状，后肢与尾部相连永远向后，不能步行。科学家认为，环斑海豹应该是经叶尼塞河及其发源于贝加尔湖的支流——安加拉河来到这里的，并在此逐渐演变成世界上独一无二的淡水海豹。世界上的淡水湖中，只有贝加尔湖湖底长着浓密的海绵，而且还有奇特的龙虾生活在上面。

◎贝加尔湖"冰面黑圈"之谜

国际空间站宇航员发现贝加尔湖冰面上存在两个神秘的巨大黑色圆圈，如果近距离观察，它的冰面黑圈的直径能够达到44千米。1985年和1994年，贝加尔湖冰面也曾经观测到黑色圆圈。形成它的主要原因是那些从湖底升腾而起的沼气。那些从湖底释放出来的沼气能够产生上升的温暖水流，在地球自转偏向力的作用下，水流的方向也在发生相应的旋转转变。当温暖的水流接触到冰层的下部时，温暖的水会使这些冰融化，然后就化成了圆形。从冰面上空向下看的时候，那些开始消融的冰面部分就会出现巨大的黑圈现象。

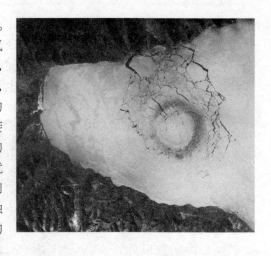

湖两岸的溪流是相互间错的，有群山环环相绕着。湖水清澈的原因，据说是贝加尔湖底时常发生地震，地震产生的化学物质沉淀湖底，使湖水净化，所以贝加尔湖总是清澈见底，被誉为"西伯利亚明眸"。

▶ 知识链接

　　科学家们经过研究还发现贝加尔湖有变成"海"的趋势，首先，在它的湖底有洞穴和裂缝，地底热气可以从这些洞穴和裂缝中不断的泄露出去，以至于使附近的水温增到10度，此种"水底温泉"只有在海洋中才有。其次，贝加尔湖中生长有海绵、海豹、菌类、海螺、寄生虫、龙虾、蜗牛等海洋生物。关于贝加尔湖是湖还是海，现在还没有明确的定论，而且学者们也一直在研究。

拓展思考

1. 贝加尔湖是怎样形成的？
2. 你认为贝加尔湖和海有什么不同？

瓦特纳冰川—— 火山口上的冰川

Wa Te Na Bing Chuan—— Huo Shan Kou Shang De Bing Chuan

瓦特纳冰川原来是冰岛上最大的冰川，面积约为 8100 平方千米，覆盖了冰岛总面积的 8％，是欧洲最大的冰川，仅次于南极冰川和格陵兰冰川。

瓦特那冰川约是整个欧洲地区其他冰川的总和，它覆盖的面积大约等于威尔士或美国新泽西州的一半。在它平滑的冠部伸展出许多条巨大的冰舌。在上次冰河时期的 200 万年间，冰岛上的火山表被厚度超过 1600 米的冰川凿开，大约在 1 万年后它的冰期才结束。

冰岛上有一百多座火山，所以又有"极圈火岛"之称，其中有 40～50 座活火山，主要有拉基火山、华纳达尔斯火山、海克拉火山与卡特拉火山等等，华纳达尔斯火山为全国最高峰，海拔 2119 米。冰岛整个国家几乎都建立在火山岩石上，它绝大部分的土地不能开垦。

◎冰与火的交融

在冰岛最典型的风光就是瓦特纳冰川所具有的永不静止的景象，而令人感到奇特的是在瓦特纳冰川地区，还分布着熔岩、火山口和热湖，火山喷发所造成的火焰和冰川移动时的冰块造就了瓦特那冰川变幻莫测的特性。可是，火山口上为何会有冰川呢？真令人百思不得其解。

拓展思考

1. 我国有哪些火山？
2. 你知道哪些是活火山、哪些是死火山吗？

就会呱呱落地，如同在人间竖起了一根根人柱。

在遥远的史前时代，在不可能有什么高超技术的前提下，却能竖起这样庞大的巨石阵，真是奇迹，也是最令人不可思议的。有些学者因此认为，卡纳克石阵是外星人在访问地球时候的飞船基地，或许只有这样才能使人们的心灵得到些许慰藉。

究竟是怎样把那么多的巨石搬到卡纳克，然后把它们再凿平磨光，之后再把它竖立起来组成石阵的？有的时候会雕镌一些图案，建造成巨大的墓穴。能够做成这样，已经是非常令人惊叹了，难道他们真的有神力吗？还是有什么值得他们狂热地进行如此浩大工程原因？

尽管聪明的现代人绞尽脑汁，但还是难以了解远古的卡纳克石阵的奥秘。对石阵进行过长期考察的英国考古学家欧文·霍丁霍姆说：它像金字塔一样，为人类留下了永恒的不解之谜。

▶知识链接

　　卡纳克是埃及中王国及新王国时期首都底比斯的一部分，太阳神阿蒙神的崇拜中心，古埃及最大的神庙所在地，在开罗以南 700 千米处的尼罗河东岸，遗址占据当时底比斯东城的北半部。

拓展思考

　　1. 对于卡纳克石阵的形成历来众说纷纭，你认为哪种说法更可信一些？

　　2. 卡纳克石阵的三片区域的排列里，最吸引你的是哪一种？

圈起来的秘密—— 英国威尔特郡怪圈

Quan Qi Lai De Mi Mi——Ying Guo Wei Er Te Jun Guai Quan

在2009 年 4 月之前，在威尔特郡区域里它是 34 个非都市郡之一，实际管辖四个非都市区，麦田怪圈是透过某种力量把农作物压平而产生的几何图案。在过去的数十年间，由于多次看到神秘物体和大量的麦田怪圈出现，沃敏斯特被誉为英国的 UFO 之都。究竟怪圈是怎么来的，现在仍然还是一个谜。

◎威尔特郡怪圈的特征

这些圆圈的形成时间大多数是在晚上，而且通常是子夜至凌晨四时，它的形成速度非常快。麦田附近找不到任何人、动物或机械留下的痕迹，没人亲眼目睹到圆圈图案的产生过程。一般动物都会远远地离开现场，在麦田圈出现之前它们的举止行动也不正常。

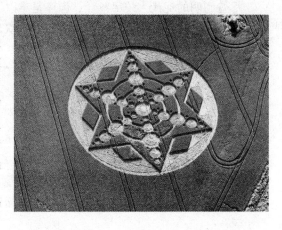

在麦田圈附近经常会出现一些不正常的亮点或者是不同反常的声音。

这些图形常常是经过绝对准确的计算绘画，而且常套用极复杂的几何图形，或进行黄金分割。跨度最大的麦田圈的面积通常可以达到 180 多米，比足球场还大。其中最复杂的麦田圆圈共有 400 多个圆，被称为"麦田圈之母"。

麦田怪圈里的农作物是按照一定的方向倾倒的，呈规则状的螺旋或直线状，有时分层编织，最多可达五层，但是每棵农作物仍然像是以前安排好的一样整齐排列。

每个植物的秆身都是加粗的而且还是向外延伸的，在秆内还有小洞，是胚芽变形时候的模样，与人折断或踩到的麦子明显不同。

麦秆弯曲位置的炭分子结构受电磁场影响而变得不一样，但竟然能继续正常生长。生长的速度比没有压倒的小麦还要快一些，但是如果是在开花期的作物形成的麦田圈，那么作物是不会结种子的。而且在成熟期的麦子所形成的麦田圈，会因为发生变异的情况而使它的果实变得很小。

在圆圈范围内，含有着非天然放射性同位数的微量辐射，就像是烘干的泥土一样，但是它的辐射增强三倍。

麦田圈中的土壤里有许多磁性小粒，它们大多为10～50微米直径的磁性微粒，而且只有在显微镜下才能看到。

在图形内外的红外线的强度非常大，大多在地球磁场能量带出现。相对的电磁场的能量减弱，以至于指南针、电话、电池、相机、汽车甚至发电站失常。

◎关于维尔特郡怪圈的猜想

对于威尔特都怪圈在不同的学说中的观点包括下面几个方面：

磁场说：有专家认为，磁场中有一种神奇的移动力，可以产生一股很神奇的电流，可以使农作物"平躺"在地面上。美国专家杰弗里·威尔逊研究了130多个麦田怪圈，发现百分之九十的怪圈附近都有连接高压电线的变压器，方圆270米内都有一个水池。

由于接受灌溉，麦田底部的土壤释放出的离子会产生负电，而与高压电线相连的变压器则产生的是正电荷，负电和正电碰撞后会产生电磁能，从而击倒小麦形成怪圈。

龙卷风说：从有关记载来看，麦田怪圈出现最多的季节是在春天和夏天，有人认为，夏季天气变化无常，龙卷风是造成怪圈的主要原因。很多麦田怪圈出现在山边或离山6～7千米的地方，这种地方很容易形成龙卷风。

外太空粒子束或能量束击打造成的：大自然是鬼斧神工的最大制造者，能在短时间内创造出如此大而规则的杰作还不被人察觉，而人为制造的可能性非常低；另外怪圈出现的那些地域，它的植物和土壤都有了明显的变动，可以判断绝不是机械手段造成的，而最大的可能性是受到外太空飞来的粒子束或射线束的击打造成的。综上所述，怪圈很有可能是来自外太空的能量束受到地球磁场的影响后发散击打而成。

▶ 知识链接 ································

有相当一部分人认为，所谓的怪圈只是某些人的恶作剧。英国科学家安德鲁经过长达17年的调查研究认为，怪圈80％属于人为制造。

| 拓展思考 |

1. 这些圆圈形成的主要原因是什么？
2. 这些怪圈形成的时间有多长？

美

洲神秘地带一览

MEIZHOUSHENMIDIDAIYILAN

第三章

美国的密西西比河

Mei Guo De Mi Xi Xi Bi He

密西西比河发源于美国西部偏北的落基山北段的群山峻岭之中，向南流经中部平原，注入墨西哥湾。密西西比河是美国最大的河流，也是北美洲流程最长、流域面积最广、水量最大的河流。总长度为 6000 多千米，面积约为 320 多万平方千米。

◎密西西比河名字来由及概况

密西西比河的名称起源于居住在美国北部威斯康星州的阿尔贡金人，阿尔贡金人是当地印第安人中的一支，他们把这条河流的上游叫做"密西西比"。在印第安语中，"密西"意为"大"，"西比"意为"河"，"密西西比"就是"大河"或者"河流之父"的意思。

※ 密西西比河

美国最大的海港新奥尔良位于密西西比河三角洲上，它主要承担大宗货物以及中转到世界各地的物资。共有深水岸线 380 千米，每天有近百艘来自世界各地的船只进进出出。目前成为仅次于荷兰鹿特丹港的世界第二大海港。

密西西比河为北美洲河流之首，与其主要支流加在一起按流域面积计为世界第三大水系。密西西比河两岸地形低矮，湖泊密布，是连接美国内地与东北部的通道。由于泥沙不断在河口堆积，自 1898 年以来，河口三角洲平均每年向海延伸 30 米，形成宽约 300 千米，面积达 37000 平方千米的三角洲。三角洲地区地势低平，河堤两岸多沼泽、洼地。河口分成六个汊流向外伸展，其形状好像鸟足，又有着"鸟足三角洲"之称。

密西西比河主要鱼类有鼓眼鱼、亚口鱼、鲤鱼、欧洲腭针鱼等，两岸栖息的鸟类有黑额雁和小雪雁，还有大量的绿头鸭、水鸭、黑鸭、赤颈鸭、针尾鸭、环颈鸭以及蹼鸡等。

2010年9月，美国路易斯安那州的一片靠近墨西哥湾的水成了"死鱼之海"，不计其数的各种死鱼、螃蟹和海鳗的尸体把水面盖得严严实实。当地电视台记者同时也在这片位于密西西比河入海口的水域中发现了一头鲸鱼的尸体。

密西西比河是世界上航运事业最发达的河流，密西西比河的航运始于十八世纪初，到十九世纪，开始对干流下游、上游密西西比河以及俄亥俄河下游的航道进行了整治。其措施除一般的航道疏浚外，还包括设有船闸的旁侧运河，从而绕过了急滩。到二十世纪初，

※ 密西西比河

开始在河道上修建通航闸坝，从而渠化航道。

拓展思考

1. 密西西比河是世界第几长河？
2. 世界三大河流分别属于哪几个大洲？

猛犸洞穴—— 地球最深处的秘密

Meng Ma Dong Xue——Di Qiu Zui Shen Chu De Mi Mi

猛犸洞是世界上最长的洞穴，位于美国肯塔基州中部的猛犸洞国家公园，是世界自然遗产之一，猛犸洞主要是以古时候的一种动物长毛巨象猛犸而命名的。截止到 2006 年为止，"巨无霸"这个洞穴的长度大约是在 600 千米左右，但是它究竟有多长，至今还没有办法估计，仍然在探索中。二百多年来，探险家前赴后继的探索精神已被镂刻在猛犸洞每 1 千米的发现史上。

◎结构特点

在猛犸洞中，只有约 16 千米的范围是对游客开放的。这个洞主要由 250 座溶洞组成，分为五层，而且上下左右相互连通，洞中有洞，宛如一个巨大而又曲折幽深的地下迷宫。

在这些洞中有 77 个地下大厅、3 条暗河、7 道瀑布、多处地湖，总延伸长度近 250 千米。猛犸洞主要以它的溶洞之多、奇以及大而著称，在 77 座地下大厅内，其中最高的一座称为"酋长殿"，它的形状为椭圆形，长度约是 163 米，宽度为 87 米，高度为 38 米，厅内足足可以容纳数千人以上。

这里还有一座富有诗意的大厅，名为"星辰大厅"，它的顶棚由含猛的黑色氧化物形成，上面点缀着许多雪白的石膏结晶，从下面往上面看时好像星光闪烁的天空一样。洞内最大的暗河——回音河低于地表 110 米，宽 6～36 米，深 1～6 米，游客可乘平底船循河上溯游览洞内的风光。河中还有一种很奇特的鱼类，是被称为盲鱼的无眼鱼，其他盲目生物还包括甲虫、蝼蛄、蟋蟀，偶尔还会有许多褐色的小蝙蝠隐藏在阴暗的地方。

▶ 知识链接

·发现经过·

传说在 1799 年一个名叫罗伯特·霍钦的猎人，当他在猎捕一只受了伤的野熊时，无意中发现了猛犸洞穴。后来人们在洞中还发现有鹿皮鞋、简单的工具、用过的火把和干尸遗体，说明很久以前印第安人就在此地居住了。1812 年第二次英美战争期间，这里是开采制作火药的硝石矿场。战争结束后，矿工们停止开矿，于是猛犸洞穴成为公共游览的场所。洞穴内还有弗洛伊德·柯林斯水晶洞，由洞穴探险家柯林斯在 1917 年发现。这个水晶洞连接着另外至少有 15 个类似水晶洞的洞穴，是这一庞大洞穴系统的中心。

◎洞穴的内部环境

猛犸洞穴的内部结构非常宽敞，这些洞坑的历史悠久，因此它被联合国列入世界遗产名录。猛犸洞穴到底有多大，至今还是个谜，因为随时都有新洞穴和新通道被发现，同时，这个壮观的迷宫也一直在往地下拓展。这里有流石、钙华、扇形石、石槽以及穹窿，这些东西的名字本身就很有吸引力，再加上还有石膏晶体与溶蚀碳酸盐景观、水洼与逐渐消失的泉水、高耸的石柱、狭长的通道以及开阔的岩洞，这些令它更加富有神奇魅力色彩。

一些探险家认为，该洞穴的大部分内容还有待研究，而且猛犸洞穴的确是美丽与神奇的综合体。它的地下洞室一个接一个，拥有许多不可思议的奇异景象：锥形石钟乳与石笋、厚厚的石瀑、带状晶体、细长的石柱以及长笛状石盾。周围遍布地下湖泊与峡谷、瀑布与小溪、狭长的走廊与拱形穹窿，这是一幅不可思议的美景，仿佛是在迪士尼童话故事中埋藏在地下的地理世界，又好像是爱伦坡诗中的神秘幻境。

拓展思考

1. 猛犸溶洞的特点是什么？
2. 溶洞的景观主要有哪些？

复活节岛石像

Fu Huo Jie Dao Shi Xiang

复活节岛在当地被称为是"拉帕努伊岛",意思是"石像的故乡"。它位于太平洋东南部的岛屿,坐标南纬 27°、西经 109°。由复活节岛和周围一些小岛组成,人口约两千人,主要是波利尼西亚人。该岛是热带海洋性气候,土壤十分的肥沃。自 1888 年起归入智利管辖,属于智利瓦尔帕莱索省。在复活节岛上,最重要的农作物是甘蔗、香蕉、玉米等,还产鱼类、虾类,经济主要是畜牧业和旅游业。岛上有巨大石像等文物古迹,被称作"神秘之岛"。它的首府在杭加罗阿,位于岛的西南部,附近有飞机场,还建有美国卫星跟踪仪和气象观察站。

◎概述

复活节岛的整体形状是三角形,长约 24 千米,最宽处近 18 千米,面积为 117 平方千米。在这个岛上有很多死火山,只有三座较高的火山位于岛上三个角的顶端,海岸悬崖陡峭,很难攀登。

一提起复活节岛,人们首先想到的是那矗立在岛上的 600 多尊巨人石像。石像的造型十分独特,而且雕刻技术非常精湛,实在令人惊叹。这么多的石像是什么人雕刻的?雕刻如此众多的石像的目的是什么?是供人瞻仰观赏,还是让人顶礼膜拜?近些年来,一些国家的历史学家、考古学家和人类学家都攀登这座山进行考察,虽提出种种解释,但也只能是猜测,不能令人信服。

◎形态特征

这些巨大的石雕像放置的地点不一样,大多是在海边,有的竖立在草丛中,有的倒在地面上,有的竖在祭坛上。石雕像一般是高 7～10 米,重量在 90 吨左右。它们形态特征很特别,头部很长,眼窝深,鼻子高,下巴突出,耳朵较长,都没有腿脚,双臂垂在身躯两旁,双手放在肚皮上。这些石雕像是用淡黄色火山石雕刻成,有的还戴着帽子,帽子是用红色岩石雕成,高几米,形状像个圆柱。有的石雕像身上还刻着符号,像纹身图案。此外,还发现了比这些巨大的石雕像还要大一倍的石雕像,但是它们大多数还是没有完成的。

石像全部是半身像，外形上基本差不多，眼睛用发亮的黑曜石或闪光的贝壳镶嵌，显得格外有神。每个额头都很狭长，鼻梁高挺，眼窝深凹，嘴巴噘翘，大大的耳朵垂落在肩上。所有的石像都面朝大海，它们的表情冷漠，神态庄严。远远望去，就像一队准备出征的武士，实为壮观。

▶ 知识链接

·石像之谜·

关于石像之谜有很多的猜测，有说是外星人的太空船搬运石像，石像拥有神力，造好后会自己行去目的地。岛上居民对于这些石雕没有丝毫历史记忆，也不知石像是在照着谁的模样雕刻，石像的模样都不像当地的土著居民，或者是在纪念些什么人，也或许是神呢？还是有"人"曾经教导过他们一些我们不曾知道的知识，而令他们难忘，在对他们感恩的时候，就雕刻了这些石像来纪念他们呢？

拓展思考

1. 建造巨人石像的影响是什么？
2. 石像对当地的居民真的很重吗？

地球上的神秘地带

万烟谷—— 地球上的月面

Wan Yan Gu——Di Qiu Shang De Yue Mian

万烟谷是北美洲最著名的火山胜景，位于美国阿拉斯加州西南阿拉斯加半岛北部卡特迈火山附近。

◎概述

万烟谷总面积145平方千米，它处于环太平洋火山地震带，所以它的火山活动非常活跃，而且地震的频率也非常频繁。1912年6月6日，卡特迈火山猛烈喷发，顶端被炸毁崩塌，形成将近5000米长，宽3000多米的火口湖，并且在距离卡特迈火山10千米处的地方形成了一个新的火山——诺瓦拉普塔火山。巨大的火山喷发物在喷出之后直冲入云霄，在它周围的山谷被火山灰覆盖，厚度达到200米。山谷中的动、植物被炽热的烟灰炭化，山谷中形成数万个喷气孔和烟柱，特别是在火山灰堆积较薄和山谷的上部是主要密集区域。从地下不断冒出大量的炙热气体，其高度达到350米，在山谷上空形成巨大的烟雾层，经过阳光的照射后，像是无数的彩虹，非常壮观。四年后，它喷出的烟柱仍高45米，气温高达649°，在附近24平方千米范围内，它仍终年笼罩在水汽与火山烟中，这也是万烟谷得名的原因。后来火山活动中大大减弱，只剩12个喷气孔。于是，植物开始出现，并且还有一些动物出现，如灰熊、驼鹿。1918年被称为卡特迈国家名胜地，上个世纪六十年代，美国将千疮百孔、满目荒凉的万烟谷作为假想的月面，成为训练宇航员的基地，故有"地球上的月面"之称。

◎万烟谷的形成

卡特迈山区主要的地理位置是在阿拉斯加半岛北部，在安克拉治西南425千米，是一个火山、地震活动频繁的地区，1898年时已经被研究考察过。1912年时有一次喷发，在此之后就展开了广泛的地质调查研究。地质学家根据地图资料，结合火山灰层的厚度，以现代最重要的理论提出有关火山喷发的假设。他们认为，火山活动首先发生在诺瓦拉普塔，它所喷发出来的酸性熔岩流很快就会倾泻出来，像小瀑布一样，直奔谷底。还有附近的地壳裂缝中的熔岩流也一起并入其内，以至于把地表上的溪流、泉水都覆盖住了，等到熔岩层冷却后，下层炽热的气体（主要是蒸气）就冲破了上层的熔岩层，发出了猛烈的爆炸声，然后形成无数的洞孔、裂隙。第一次爆发之后，卡特迈山下面处于宁静状态的巨大柱状岩浆立刻进入新的裂隙，导致诺瓦拉普塔（火山）下面流纹岩柱的爆发。等到两股熔岩汇合在一起时，就开始猛烈地向上层冲去，喷出浮石，因为冷却的时间比较迅速，所以它的表面只形成了大理石形状的花纹。熔岩从卡特迈山的顶部流出，顷刻间顶部被摧毁，于是就形成了巨大的火山口、小火山锥、喷气孔等。火山口的火口湖，在冬天的时候是不结冰的。但是，时间已经过去了六十多年，以喷气孔形成的烟柱为名的万烟谷，所遗留下来的喷气孔已经没有几个了，一些植物也开始慢慢出现，苔藓、藻类首先在喷气孔周围生长，某些高等植物也开始蔓延生长在谷底。但是动物还不能生存，不过还是有麋、熊等出没，近年有很多旅游者前来游览参观这一特殊的自然景色。

▶ 知识链接

·世界科技百景之万烟谷·

　　美国阿拉斯加的"万烟谷"是世界上闻名的地热集中地，在24平方千米的范围内，有数万个天然蒸汽和热水的喷孔，喷出的热水和蒸汽最低温度为97℃，高温蒸汽达645℃，每秒喷出2300万公升的热水和蒸汽，每年从地球内部带往地面的热能相当于600万吨标准煤。

拓展思考

　　1. 万烟谷的形成原因是什么？

有行星轨道数据的美洲"黄泉大道"

You Xing Xing Gui Dao Shu Ju De Mei Zhou "Huang Quan Da Dao"

在美洲的著名古城特奥蒂瓦坎，有一条被称为"黄泉大道"的纵贯南北的宽阔大道。公元十世纪时，阿兹台克人最早来到这个地方，沿着这条大道来到这座古城时，发现全城没有一个人，他们认为大道两旁的建筑都是众神的坟墓，所以就给它起了这么一个奇怪的名字。

哈列斯顿测量"黄泉大道"两边的神庙和金字塔遗址时，发现了一个令人惊讶的现象："黄泉大道"上那些遗址的距离，与太阳系行星的轨道数据恰好相符合。在"城堡"周围的神庙废墟里，地球和太阳的距离为96个"单位"，金星为72，水星为36，火星为144。"城堡"后面有一条运河，它离"城堡"的中轴线为288个"单位"，刚好是木星与火星之间小行星带的距离。

离中轴线520个"单位"处是一座神庙的废墟，这相当于从木星到太阳的距离。再过945个"单位"，又是一座神庙遗址，这是太阳到土星的距离。再走1845个"单位"，就到了月亮金字塔的中心，这刚好是天王星的轨道数据。

假如再把"黄泉大道"的直线延长，就到了塞罗戈多山上的两处遗址，其距离分别为2880个以及3780个"单位"，刚好是冥王星与海王星轨道的距离。

▶ 知识链接

　　1974年，一位名叫休·哈列斯顿的人在墨西哥召开的国际美洲人大会上声称，他在特奥蒂瓦坎找到一个适合所有街道和建筑的测量单位。通过运用电子计算机计算，这个单位长度为1059米。例如特奥蒂瓦坎的羽蛇庙、月亮金字塔和太阳金字塔的高度分别是21、42、63个"单位"，其比例为1:2:3。

显然"黄泉大道"是根据太阳系模型建造的，特奥蒂瓦坎的设计者们肯定早已了解整个太阳系的行星运行的情况，并了解了太阳以及各个行星之间的轨道数据。但是，人类在1781年才发现天王星，1845年才发现海王星，1930年才发现冥王星。那么在模糊不清的史前时代，又是哪一只看不见的手，给建筑特奥蒂瓦坎的人们指点了这一切呢？

拓展思考

1. 黄泉大道有哪些意义？
2. 黄泉大道与天文学有何联系？

美加边界上的尼亚加拉瀑布

Mei Jia Bian Jie Shang De Ni Ya Jia La Pu Bu

尼亚加拉瀑布可算得上是世界上最为神奇的地方之一了，下面就让我们一起探视尼亚加拉瀑布之谜吧。尼亚加拉瀑布构成了加拿大与美国的边境线，将纽约州与加拿大的安大略省分开的尼亚加拉河从伊利湖向北流向安大略湖，全长将近 48 千米。面积为约 64.75 万平方千米，并成为这些湖的通畅出口。它的最大水流量达到每秒 25 万立方英尺，十分令人敬畏。这条河被草莓岛和格兰德岛劈开分成三段，开始的 8 千米只有一条河道，向东的美国河道有 25 千米长；向西的加拿大河道比较短，只有 4 千米。在格兰德岛后两条河道又合并到一起，再流过 4 千米就到了举世闻名的尼亚加拉瀑布。

※ 尼亚加拉瀑布

这条大河最终可到达安大略湖，先后途经约 11 千米的峡谷、一片开阔的湖区平原和 11～13 千米的陆地。尼亚加拉瀑布本身也被哥特岛分成了两个部分。马蹄形瀑布高度接近 48 米，顶部宽度将近 1006 米。比加拿大部分的还要高上大约 3 米，但是宽度只有 300 多米的瀑布位于美国的旁边。

该瀑布的形成在于不寻常的地质构造。在尼亚加拉峡谷中，岩石层是接近水平的。岩石的顶层由坚硬的大理石构成，而下面是一些容易被水力侵蚀的松软的地质层，激流能够从瀑布顶部的悬崖边缘笔直地飞奔着倾泻下来，正是由松软地层上的那层坚硬的大理石地质层所起的作用。更新世时期，巨大的大陆冰川后撤，大理石层暴露出来，被从伊利湖流来的洪流淹没，形成了现在的尼亚加拉大瀑布。通过推算冰川后撤的速度，瀑布至少在七千年前就形成了，最早则有可能是在两万五千年前形成的。

| 拓展思考 |

1. 世界上最大的瀑布是哪个？
2. 尼亚加拉瀑布居世界第几位？

百慕大魔鬼三角区

Bai Mu Da Mo Gui San Jiao Qu

位于北大西洋西部的"百慕大魔鬼三角"是一个神秘地带，因为常常会有船只和飞机在那里莫名其妙地失踪。

经过多种文章和书籍的渲染，关于百慕大越传越神，可以说是家喻户晓。甚至某些权威的百科书上也是这样介绍，比如《辞海》在"百慕大"这个条目里提到：百慕大群岛周围海域常有船舶、飞机失踪，被称为"神秘的百慕大三角区"。

这块位于马尾藻海的广阔的海域，它像一个巨大的等边三角形，每边的长度约 2000 千米。这个巨大的等边三角形的顶点就是在百慕大群岛，底边的两端分别在佛罗里达海峡和波多黎各岛附近。

在这个三角海区中，经常会出现船只沉没、船员失踪的现象。有时候，经此上空飞行的飞机也会突然失事，但却找不到任何残片痕迹。所

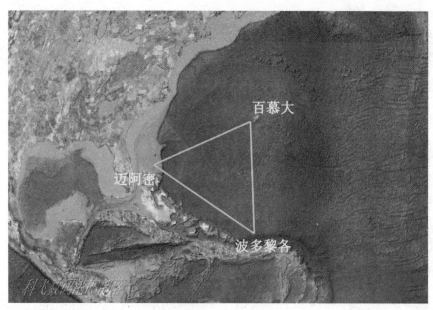

※ 百慕大三角洲

以，人们把这个海区称为"魔鬼三角"，这片海域既让人望而生畏，却又带着一些神秘色彩，让人对它充满了好奇。

早在十九世纪就出现了船只在这里消失的事情。1872年，从美国纽约港开出的"玛丽·塞勒斯特"号海轮，经过这个海区时，突然失事。过了一个多月，人们又发现这艘船漂浮在海上，船上却空无一人。此时，人们对百慕大群岛还没有特别多的了解，至于那场事故和莫名其妙的空船也没有引起人们太多的关注。

1874年，在亚速尔群岛以西的海面上，又有人发现名为"玛丽亚·米列斯特"的双桅船在海上漂流，船上摆放着新鲜的水果、食物，甚至半杯咖啡还没喝完，而船内空无一人。

另一个突出事例是装载着锰矿的美国海军辅助船"独眼神"号在1918年3月失踪，这艘巨型货轮上有309名水手，并有着当时良好的无线电设备，竟然没有发出任何求救信号就无影无踪消失了。

1935年，意大利籍货轮"莱克斯"号的水手们眼看着美国乔帆船"拉达荷马"号在海浪中一点点地沉没。但五天后，他们亲眼看到这艘帆船居然又漂浮在海面上。水手们简直不敢相信自己的眼睛，即使是当他们连同被救起的"拉达荷马"号船员一起跳到这艘船上，他们还怀疑自己是不是在做白日梦。

1945年12月，美国第十九飞行队的队长泰勒上尉带领14名飞行员，驾驶着五架复仇者式鱼雷轰炸机，从佛罗里达州的劳德代尔堡机场起飞，进行飞行训练。泰勒是一名经验丰富的飞行员，有着在空中飞行2599小时的飞行记录，他的飞行技术对完成这样的训练任务根本不成问题。但当飞行的机群越过巴哈马群岛上空时，基地突然收到了泰勒上尉的呼叫："我的罗盘失灵了！""我在不连接的陆地上空！"之后两个小时，无线电通信系统断断续续，但是还能显示出他们大致是向北和向东飞。下午四点，指挥部收到泰勒上尉的呼叫："我弄不清自己位置，我不知自己在什么地方。"接着电波讯号越来越微弱，直至一片沉寂。指挥部感到这事不大对头，立即派一架水上飞机起飞搜索。半小时后，一艘油轮上的人看见一团火焰，那架水上飞机坠落了。

在短短的6个小时，6架飞机，15位飞行员一下子都不见了。他们消失得莫名其妙。这件事使美国当局受到极大的震动，军方决心查个水落石出。次日，在广达600万平方千米的海面上，出动了300架飞机和包括航空母舰在内的21艘舰艇，进行了最大规模的搜索。搜索范围从百慕大到墨西哥湾的每一处海面，搜索了五天，可仍没能找到那6架飞机的踪影。

1951 年，巴西一架水上飞机在搜寻他们的一艘在这片海域失踪的军舰时，发现百慕大海域的水面下有一个庞大的黑色物体，正以惊人的速度掠过。

1977 年 2 月，曾经有人驾驶私人水上飞机飞过百慕大海域，发现罗盘指针偏离了几十度，正在吃饭的人发现盘子里的刀叉都变弯了。飞离这里后，他们还发现录音机磁带里录下了强烈的噪音。

美国海难救助公司的一位船长说，有一次他乘船途经百慕大海域时，船上的罗盘指针突然猛烈摆动，正在运转的柴油机功率突然消失，浊浪滔天，船的四周都是大雾。他命令轮机手全速前进，终于冲出大雾。但这片海域外的海浪并不大，也没有雾。他说，从未见过这种怪事。根据不完全统计结果显示，在"魔鬼三角"失事的船只达 100 艘以上，飞机 30 架以上，失踪人数一千人以上，而且大多数都没有留下任何痕迹。到底是什么原因导致在百慕大群岛发生这种奇怪的现象呢？为了揭开"魔鬼三角"的神秘面纱，科学家们纷纷冒险前往该海域进行考察。

百慕大三角发生的种种事件，引起了各国科学家和有关方面的注意，许多人对此提出了不同的看法：

有人认为百慕大海底有巨大的磁场，因此会造成罗盘失灵。1943 年，一位名叫裘萨的博士曾在美国海军配合下作了一次实验，以两台磁力发生机输出十几桶的磁力。磁力发生机开机后，船体周围涌起绿色烟雾，船和人都受到了某种刺激，有些人经治疗恢复正常，事后裘萨却自杀而死。因此结果也就不了了之。

有人认为百慕大区域有着类似宇宙黑洞的现象。但"黑洞"是在太空中的一种状态，在地球上是否有黑洞，还有待于证明。有人认为百慕大海域海底有一股与海面潮流发生冲突时，就会造成海上事故的潜流，但这股海底的潜流又是怎样形成的并没有一个较为合理的解释。

此外，还有次声破坏论、空气湍流论等种种说法，但这些解释也都是一种假说，既缺乏足够的依据，也未能为人们普遍接受。

在科学界，有一种说法是：这个海区的海底地貌特别复杂，这里有巨大深陷的北美海盆，有面积广阔的百慕大海台，有巴哈马群岛及其周围遍布的珊瑚岛礁，也有波多黎各深邃的海沟，而且海底火山，地震也非常频繁，因此是引起事故发生的主要原因。

还有一种说法是：这里是灾害性的飓风发源地，变幻莫测的气流、龙卷风和暴风雨，波涛汹涌的流海，墨西哥湾流与中层逆流，强力旋转和涡旋等复杂的海流，这些原因可能是导致各种事故发生的原因。另外还有人认为是海浪以及风暴产生的次声波产生的巨大的破坏力。

关于"魔鬼三角"形成的原因很多，但莫衷一是。

近几年来，又有科学工作者声称"魔鬼三角"之谜与外界太空中的所谓黑洞有关。黑洞是指一些死亡的星，它们具有极大的吸引力，会把从此地区经过的船只和飞机"吸"进去。当然，也有人认为根本没有神秘三角的存在，因为从这里经过的船只和飞机也有许多安然无恙的返回，发生事故是偶然。

▶ 知识链接

　　近几十年来，百慕大三角已经被开发成旅游胜地，每年都有大量的游客来此地度假。当然，这一带还会有航海事故发生，但也不是因为一些媒体对"百慕大魔鬼三角"所解释的恐怖现象，这些事故是自然或者人为情况导致的后果。

拓展思考

1. 魔鬼三角主要发生过哪些重要的事故？
2. 你感觉百慕大魔鬼真的有那么恐怖吗？

特奥蒂瓦坎

Te Ao Di Wa Kan

特奥蒂瓦坎古城，又名提奥提华坎，是一个曾经存在于墨西哥境内的古代印第安文明，大约起源于公元前 200 年，并且在 750 年时灭亡，在印第安人纳瓦语中就是"创造太阳和月亮神的地方"。特奥蒂瓦坎古城位于墨西哥首都墨西哥城东北约 40 千米处。1987 年联合国教科文组织将特奥蒂瓦坎古城作为文化遗产，列入《世界遗产名录》。

◎简介

特奥蒂瓦坎古城遗址地处于墨西哥波波卡特佩尔火山以及依斯塔西瓦特尔火山山坡谷底之间，距墨西哥城 40 千米，是印第安文明的重要遗址，它是拉丁美洲规模最大的城市遗址。主要建筑沿城市轴线逝者大道布置。特奥蒂瓦坎建筑的主要代表是太阳神金字塔、月亮神金字塔、羽蛇神庙等，目前仍在保留。太阳金字塔和月亮金字塔都用沙石泥土垒砌而成，表面覆盖石板，再画上繁荣复杂并且艳丽的壁画。沿逝者大道南行，终点有一座城堡，内有神庙、住宅等建筑。特奥蒂瓦坎古城遗址是墨西哥的主要旅游胜地。

◎几个重要的日期

公元前 2～1 世纪：居民散居在特奥蒂瓦坎山谷中，这里可能已经形成一个非常活跃的朝圣中心（也许在一个岩洞附近）。

公元 1～200 年：人口聚集起来，这里开始建造一座圣城。太阳金字塔为第一座神殿，死者大道是人们列队前进的路线，与中轴线垂直。修建月亮金字塔、"城堡"和魁扎尔科亚特尔神庙。

公元 300～650 年是城邦的全盛时期，面积达 36 平方千米，居民 12 万人，成为新世界最大的都市以及世界第六大城市。其影响还波及到其他文化，墨西哥湾地区的托托纳克文化，瓦哈卡的萨波特克文化，墨西哥西部的诸多文化以及南部的玛雅文化。

约公元 650 年，特奥蒂瓦坎突然间灭绝，从此结束了她的辉煌。

地球上的神秘地带

◎对后世文化的影响

城市的设计与四周的景致浑然一体，从死者大道的正中央，可以看到不远处塞罗戈多山的顶峰正伫立在月亮金字塔的塔尖上，城市的布局非常严格，都是按照几何图形。仪式中心建在死者大道的南北轴线上，而管理中心、市场以及"城堡"位于东西轴线上。举行宗教和祭祀活动的纪念物都布置在太阳金字塔的中轴线上，正巧同太阳从初升到最高点的轨道相吻合。这种布局反映出了人们对天文学的尊崇，崇拜太阳与研究星体对特奥蒂瓦坎社会来说一定具有相当重要的意义。

这里是一个依靠贸易发展起来的等级森严的社会，由神权政府管理，城市的财富来源于丰富的黑曜岩矿和肥沃的土地。按人们的职业可清楚地划分社会阶层：陶工、油漆匠、宝石抛光工、农民、渔民等等。特奥蒂瓦坎曾经是一个世界性的大都市，不同种族的居民分别居住在城市的不同地区。这里曾是整个中美洲最重要的经济、宗教和政治中心。当时的人们对几何、建筑、天文和艺术都有着相当深的认识。装饰宫殿四壁的绘画所表现的神话故事以及各种建筑的布局，都代表了特奥蒂瓦坎人重视天文高于军事。由此可以推断出，这个以崇拜土地和农业神祇为根基文化的人群肯定是一个热爱和平的群体。

特奥蒂瓦坎的影响遍及中美洲，我们现在知道受其影响的地区有三分之二在墨西哥，还有危地马拉、洪都拉斯和伯利兹。特别是其制陶艺术和陶器，对玛雅文化和瓦哈卡文化都留下了深远的影响。其他民族在几个世纪内依然还供奉着特奥蒂瓦坎的神灵：掌管湿润与肥沃的羽蛇魁扎尔科亚特尔和雨神特拉洛克。

▶知识链接

·挖掘和修复·

第一次挖掘始于 1884 年，1905 年到 1910 年间修复了一些纪念物，在修复太阳金字塔时，建筑师莱奥波尔多·巴特雷斯又为其建筑加了一个第五层。1917 年～1920 年间发现并修复了"城堡"。

拓展思考

1. 特奥蒂瓦坎的重要的地质遗迹是什么？
2. 简单介绍特奥蒂瓦坎的仪式中心。

墨西哥神秘的寂静之地

Mo Xi Ge Shen Mi De Ji Jing Zhi De

"寂静之地"地处墨西哥北部杜兰戈州木马皮米盆地国家生态保护区，位于北纬27°，与百慕大三角和埃及金字塔处于同一纬度，这里出现的一些奇怪现象至今没有人能给予合理的解释。在德克萨斯州艾尔帕索以南644千米处的北墨西哥，有一片崎岖荒芜的地方，那是高原荒漠所在的地区，毗邻萨瓦约斯镇，被当地人称为"寂静地带"。这里是地球上最为奇异现象发生的中心区，没有什么东西可以在此地区正常工作。把手机带到这里，手机无法使用，带着收音机来，照样无法使用，带着指南针来，指针只会不停的旋转，另外，还有随处可见的奇怪岩石。在这片荒漠上，还存活着相当奇怪的变种动物，如果你身在此地区时，身体会感到有怪异的刺痛。

◎寂静之地的发现过程

十亿年前，陆地渐渐浮出海面，这里成为墨西哥第一块见到阳光的陆地，此后的漫长岁月中，人类没有在这块土地上留下任何的痕迹，它依然保持着当初的宁静。

直到1966年的某一天，墨西哥国家石油公司的工程师哈里·贝里亚在这里勘探时发现，收音机、电视、无线电对讲机、卫星遥感系统到这里就完全失去了作用，"这里如同电磁风暴的风眼一般，不能够接收人类世界的信息"，因此，当时贝里亚给这里取名为"寂静之地"。人们称这里是"墨西哥的百慕大三角"，它几乎与埃及金字塔位于同一纬度，由此可见，

它可能与埃及金字塔有某种关系，所以从整体的角度来看，寂静地带与地球上其他异常区域好像有着某种不可获知的联系。

1969 年，英国天文学家伯纳德·洛弗尔观测到一颗正在接近地球的流星，于是开始跟踪它的运行轨迹。这颗流星进入大气层后开始燃烧解体，其中最大的一块突然改变原来的飞行方向，朝着北美洲的方向飞去，最终坠落在"寂静之地"的边缘地区。

◎发生在寂静之地的离奇事件和人们的猜想

关于"寂静地带"最离奇的一个案例，发生在 1970 年 7 月 11 日。当时美国空军正在犹他州绿河的军事发射场发射导弹——雅典娜导弹，这枚导弹原本计划坠落在 700 千米之外的墨西哥白沙导弹试验场，但是由于某些未知原因，雅典娜导弹飞行了数百千米，并跨越了白沙试验场，飞向了"寂静地带"。

这枚导弹不仅偏离了方向，还越过了目标，它就像是被拉或者被推到这里的。一位美国宇航局的发言人曾说过，这件事很奇怪，它就像是被拉到那个区域的，最后坠落在那里摔得粉碎。据有关人员证明，被离奇拉到这个区域的并不仅仅只是这一枚导弹。

有大量不寻常的陨石离奇坠落在这里，大量证据表明，似乎"寂静地带"有某种强大的能量旋涡，能把陨石和太空碎片吸引到墨西哥北部的这块小区域来。这个区域有着高强度的磁力，科研也已经证明，这里整个区域都带有着磁性特性。

目前，关于这些奇特现象的解释有很多，当然，有一些也掺杂了人类对于未知领域的想象。然而这其中最流行的一种还是有关科学家提出的"磁场说"，这一地区的地下可能存在一个很强大的电磁能量场，这样便可以对火箭陨石坠落以及雷达系统失灵等现象而作出合理的解释，但为何只有这里具有强大的磁场呢？有人猜想，地核在这个位置更接近地表从而产生比其他地方更强的磁场；还有人猜测，这里的地下曾经是外星人储存能量的仓库，但猜想终归是猜测。也许有些存在的事实并不需要解释得一清二楚，这样可以留给人们一个想象驰骋的空间，而"寂静之地"也将会永远的寂静下去。

拓展思考

1. 墨西哥神秘之地究竟神秘在哪些方面？
2. 对于"寂静之地"的成因，你有哪些推测？

丛林中的谜语—— 玛雅古城

Cong Lin Zhong De Mi Yu——Ma Ya Gu Cheng

科潘玛雅古城的遗址位于洪都拉斯首都特古西加尔巴西北部大约 225 千米处，临近危地马拉边境。科潘玛雅古城的遗址坐落在 13 千米长、2 千米多宽的峡谷地带，海拔 600 米，占地面积约为 15 公顷。科潘玛雅古城在这里依山傍水，土地肥沃，森林密布。科潘是玛雅文明中

最古老并且最大的古城遗址。广场中有金字塔、庙宇、雕刻、石碑和象形文字石阶等建筑，是考古学十分重要的探究地区。它吸引了许多外国学者到此进行考古研究，也是洪都拉斯境内重要的旅游点之一。

◎关于玛雅古城的传说

尤卡坦半岛南端洪都拉斯境内的科潘是玛雅人最大的城邦之一，也是玛雅人最著名的雕塑之城。关于科潘的传说：古代有一位玛雅人的王子，他来到一片树林旁边，听到一个顽童说话的声音，顽童告诉他，在森林的深处有座城堡，城里住着一位漂亮的公主和正在受难的

人民。王子凭着好奇心进到城堡，发现那里有一个邪恶的女巫，用咒语控制着人民，被诅咒的人民都动弹不得，整个城堡成为一个死城。王子爱上了也被诅咒的沉睡的公主，于是勇敢地与女巫战斗。最后王子战胜女巫，

后来，王子深情地吻了公主，公主醒了，接着城堡里的人民也醒了，后来王子与公主幸福的生活在一起。而那个城堡就是后来的科潘市。

当年史蒂芬斯来到这里的时候，居住在附近的玛雅人对森林中的遗迹的来历毫不知情，更不知道这是他们先祖的文明丰碑。玛雅人村落中一个村长以50美元的价格将科潘卖给了探险者们，这段经历在史蒂芬斯的游记中描写的非常滑稽有趣，但是却让我们从文中读到文明的失落与悲凉。

◎辉煌的玛雅文明

广受世人关注的玛雅文明，堪称世界文明史上的奇葩，玛雅文明也因印第安玛雅人而得名，是美洲印第安玛雅人在与亚、非、欧古代文明隔绝的条件下，独立创造的伟大文明。其遗址主要分布在墨西哥、危地马拉和洪都拉斯等地。玛雅文明诞生于公元前十世纪，分为前古典期、古典期以及后古典期三个时期，其中，公元三至九世纪为玛雅文明的鼎盛时期。

玛雅文明的建筑工程达到世界最高水平，能对坚固的石料进行雕镂加工。通过长期观测天象，已经掌握日食周期以及日、月、金星的

运动规律；雕刻、彩陶、壁画都有着很高艺术价值，被称为美洲的希腊。

玛雅文明基本上属新石器时代和铜石并用时代，工具、武器全为石制与木制，黄金和铜在古典期末才开始使用，不过一直不知道用铁。农业技术简单，耕作粗放，不施肥，也没有饲养家畜，后期有水利灌溉。手工制品有各种陶器、棉纺织品等。不同村落与地区间还有贸易对换的关系。玛雅文明建筑主要以布局严谨、结构宏伟而著名，其金字塔式台庙内以废弃物和土堆成，外铺石板或土坯，并且还设有石砌梯道通往塔顶。其雕刻、彩陶、壁画等都有着很高的艺术价值，著名的博南帕克壁画表现了贵族仪仗、战争与凯旋等，人物形象千姿百态，栩栩如生，堪称世界壁画艺术的宝藏。

玛雅文明的天文、数学都达到很高成就。通过长期观测天象，已掌握日食周期和日、月、金星等历年以及运行规律。当年玛雅人计算出历年为584天，如今人类用科技所计算出的数字为584.92，这是一个相当了不起的数字。

约在前古典期末，玛雅人已创制出太阳历和圣年历（传统历）两种历法，前者计算出一年约有362.42日，远远精确于欧洲人使用的恺撒历法；后者为玛雅人的传统历法，规定每月二十天，每年十三个月。这个传统历在地球上毫无用处，但为什么玛雅人还要代代相传下去呢？难道他们在过去的什么地方就用这传统历？这一点已被列为世界未解之谜。玛雅人每天都记两历日月名称，每五十二年重复一周，其精确度超过同代希腊、罗马所用历法。数学方面，玛雅人使用"0"的概念比欧洲人早八百余年，计数使用二十进位制。

玛雅文明的另一独特创造是象形文字体系，其文字以复杂的图形组成，一般刻在石建筑物如祭台、梯道、石柱等之上，刻、写需经长期训练。现已知字符约800余种，但除年代符号及少数人名、器物名外，有许多还没有被释读成功。当时还用树皮纸和鹿皮写书，内容主要是历史、科学和仪典，至今还没有办法解释出来。

◎主要信仰

玛雅人笃信宗教，文化生活均富于宗教色彩。他们崇拜太阳神、雨神、五谷神、死神、战神、风神、玉米神等神。太阳神居于诸神之上，被尊为上帝的化身。另外，有祖先崇拜，相信灵魂不灭。玛雅国家兼管宗教事务，首都是宗教的中心。

玛雅文明的早期阶段围绕祭祀中心形成居民区，古典期形成城邦式国家，各城邦均有自己的王朝。社会的统治阶级是祭司以及贵族，国王世袭，掌管宗教礼仪，并且还规定农事日期；公社的下层成员为普通的农业劳动者及各业工匠；社会最下层是奴隶，一般来自战俘、罪犯和负债者，可以自由买卖。玛雅诸邦在社会发展上与古代世界的初级奴隶制国家相近，但具体情况还没有详细的资料说明。

玛雅文字最早出现于公元前后，出土的第一块记载着日期的石碑是292年的产物，发现在提卡尔。此后，玛雅文字只流传于以贝登和提卡尔为中心的小范围地区。五世纪中期，玛雅文字才普及到整个玛雅地区，并且当时的商业交易路线已经确立，玛雅文字就是顺着此条路线将其传播到各地。

◎玛雅人身上的未解之谜

上世纪七十年代，人们在南美洲发现了一条玛雅人的古隧道，据估计它至少有五万多年的历史，而实际上它的年代更为古远。这条隧道离地面250米深，仅在秘鲁、厄瓜多尔境内就有数百里长，隧道的秘密入口由一个印第安部落（古代玛雅人的后裔）把守着。他们说，这里是"神灵"居住的地方，并且他们也遵守着祖训，世世代代守在这里。

隧道的穴壁光洁平滑，似乎经过磨光，与地面成直角。穴顶平坦，像涂了一层釉，不像是天然形成，而像是某种机械削切的结果。隧道中有个"大厅"，长164米，宽153米，内部还放着像桌子、椅子似的"家具"。奇怪的是制造这些物品的材料非常特殊，既不是钢铁和石头，也不是木材，但它有钢铁和石头那样坚硬且沉重，在地球上目前还没有发现过这种材料。"大厅"里面有许多金属叶片，大多在长约100厘米，宽50厘米之间，厚度约2厘米，一片一片排列着，像是一本装订好的书。金属片上都写有很多符号及象形文字。据专家认定那些符号是机器有规律压印上的结果，目前已发现3000多片。

古代玛雅人为什么开凿如此浩大工程的隧道？里面的物品及文字又隐藏着什么样的秘密？隧道那种超越现代人类智慧的严密、宏大以及它的神奇，使每个了解到它的人都会惊得目瞪口呆。考古学家毫不怀疑地认为，这是我们这个世界上最宏大的工程，也是世界上最大、最难破解的谜团。

1927年，在中美洲的伯利兹的玛雅遗迹中发现的水晶制成的头颅骨就更令人叹为观止了，这颗水晶头颅骨完全以石英石加工研磨而成，大小几乎与现代人类的头颅骨相同。高12.7厘米，重5.27千克，是依照一个

女人的头颅骨所雕成。

玛雅人依照人的头骨所雕成的水晶头骨，展现了成熟的解剖学与光学技术。并且利用了某种现代科技及还没有掌握到的碰撞技术所制成。从照片看起来这头颅骨不仅外观十分逼真，而且内

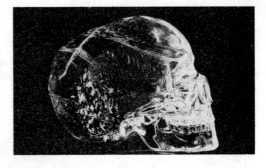

部结构都与人的颅骨骨骼构造也完全相符，其工艺水平极高，隐藏在基底的菱镜和眼窝里用手工琢磨的透镜组合在一起，还会发出眩目的亮光。

经研究证实，此水晶头颅骨是利用某种碰撞力量雕刻成，然而现在科技都未能掌握此技术。从这个奇异的水晶头颅骨来看，玛雅人掌握的工艺技术，真的是相当的高超。现代人引以为傲的工艺技术与这颗水晶头颅骨相比起来，真是小巫见大巫！以现代的科学理论与技术发展速度来看，我们恐怕至少还需要五十或上百年才跟得上玛雅人的科技水平呢！难道玛雅人真的是这些神奇的水晶头骨的制作者吗？

▶ 知识链接

现代光学技术产生于十七世纪，而人类准确地认识自己的骨骼结构更是十八世纪解剖学兴起以后的事。这颗水晶头颅骨却是在非常了解人体骨骼构造以及光学原理的基础上雕刻成的，玛雅人是如何掌握到这么高深的解剖学与光学知识的呢？还有，水晶即石英晶体，它的硬度非常高，仅次于钻石（也就是金刚石）和刚玉，用铜、铁或石制工具，都无法加工它。即使是现代人，要雕琢这样的水晶制品，也只能使用金刚石等现代工具。

| 拓展思考 |

1. 玛雅文明包括哪些？
2. 玛雅文明中有哪些成就是现代科技无法企及的？

科尔卡峡谷之谜

Ke Er Ka Xia Gu Zhi Mi

科尔卡峡谷是世界上最深的峡谷之一，它地处秘鲁境内的安第斯山脉中，其深度是美国科罗拉多大峡谷的两倍，峡谷看起来像是该山脉被一把大刀斩断了的裂缝，雨季时水流汹涌浑浊的科尔卡河蜿蜒于沿谷底散布的死火山间。在科尔卡峡谷上的山脉间有一条64千米长的山谷，林立着86座锥形火山，其中有些约有300米高。

群山的另一边是火山谷，里面屹立着许多锥形火山，顶部为圆形火山口。火山谷长64千米，谷内共有86座死火山渣堆，有些高达300米。

◎科尔卡峡谷里的疑问

在科尔卡峡谷上的山脉之间，它们有的从原野上隆起，有的位于山麓周围，有的四周堆满凝固的黑色熔岩，其景象是十分的荒芜、诡异，令人想起荒凉的月球表面。在火山谷与太平洋之间，有一条布满沙石的酷热沟谷，叫做托罗穆埃尔托沟谷，沟谷内四处都分布有白色的巨砾。不少石砾上刻有几何图形、太阳、蛇、驼羊以及头戴怪盔的人。这些图案与符号是谁的杰作呢？有人猜测巨砾可能是火山隆起而留下的，可是，谁会在上面刻上图案呢？也有人认为，一千多年前，某些游牧部族从山区往海岸迁移，在这里居住，留下了石刻图画。也有人推测，头戴怪

※ 科尔卡河

盔的人是外星人，难道在一千多年前，就曾有人目击过外星人？对于这些无法解答的疑问人们无从得知。

◎深谷中的美丽

科尔卡河流淌在科尔卡峡谷之中，在这里孕育着峡谷的一切生物。在科尔卡河两岸，分散着一些村庄，当地印第安人就靠着这股水源生存着。依着山势，印加和前印加的梯田层层叠叠向上延伸，这里还种植着适合峡谷生长的各种农作物。峡谷四周还有一些火山温泉以及一群群漫步在山谷、河流、沼泽间的鹿驼、美洲驼与羊驼。切瓦是这个峡谷中的主要乡镇。目前，所有前来旅游观光的游客们，都会选择到这个乡镇休息片刻，享受长利雅温泉。科尔卡峡谷现在是秘鲁的主要旅游地之一。这里生长着20多种仙人掌和170种飞禽，其中最大的飞禽是山鹰。科尔卡峡谷是安第斯秃鹰的家，这里有世界上最大的安第斯秃

※ 秃鹰

鹰，每只秃鹰的翅膀长度都在1米多左右，它们可以轻松地飞越峡谷的峭壁。从奇瓦伊出发，大约三十分钟左右就可以到达神鹰十字架，这里是观看秃鹰飞翔的最佳地方，可以欣赏到秃鹰优美地翱翔在峡谷中的英姿。清晨和傍晚是秃鹰外出寻食活动最频繁的时间，而此时就是观看秃鹰的绝好时间。现在，这种秃鹰几乎绝种，只有在这个峡谷里还剩下仅有的几只。

科尔卡峡谷里的土地非常的贫瘠，山坡上只生长着一些长刺的蒲雅属植物，这种植物主干很粗，高约1米多，叶子像锋利的刀刃一样朝着周围的方向伸出来，边缘还带有弯钩。由于峡谷内树木太少，小鸟只能冒着被弯钩刺伤的危险，在蒲雅叶间筑巢。在这种植物树枝之间，有很多小鸟的尸骸，这说明蒲雅叶树已成为了许多鸟巢的死亡陷阱。

▶ 知识链接 ......

在峡谷里，气候的温差变化比较大，从早晚的1~2℃到中午的25℃，每天的气温变化很大。

| 拓展思考 |

1. 科尔卡峡谷是如何形成的？
2. 如何保护峡谷内濒临灭绝的秃鹰？
3. 科尔卡峡谷还有哪些旅游资源？

地球上的神秘地带

石膏沙漠之谜

Shi Gao Sha Mo Zhi Mi

在美国新墨西哥洲图拉罗萨盆地的沙漠上，皑皑的沙丘在阳光的照耀下闪闪生辉，像一片清新纯净的雪原。白色沙子在火辣辣的太阳下闪耀着微光，就像是月光下的雪一样。清凉的白沙一望无际，不断随风迁移、流失，并且还会不断地填充，这里就是著名的白沙名胜区。

一般沙漠里沙子的主要成分是石英，这里的沙粒却不是石英颗粒，而是质地较软的石膏晶体微粒，也就是硫酸钙。由于表面水分的蒸发率高，沙粒反射而不是吸收阳光，因此沙丘十分的清凉，与普通沙漠大不相同。白沙名胜区东起萨克拉门托山脉，西迄圣安德烈斯山脉，面积约为700平方千米，堪称是世界上最大的地面石膏矿藏，它的颗粒是制造熟石膏的矿物。

美国西南部地区非常干旱，这片非同寻常的石膏沙漠，起源于约一亿年前。当时，这大片土地是浅海，由于后来海水干涸，留下了一些咸水湖，最后在骄阳下蒸发殆尽。湖水本来富含矿物，水分蒸发掉，湖床上就剩下盐以及一层厚厚的石膏。

▶ 知识链接

约6500万年前，萨克拉门托山脉与圣安德烈斯山脉开始形成，中间夹着图拉罗萨盆地。地壳大规模的运动，陆块皱褶隆起，自然就把石膏层推高了。

季候雨和融水从山区流下，溶解山坡上的石膏颗粒，成为浓度很高的溶液，冲到图拉罗萨盆地最低点，也就是卢塞洛湖。湖水蒸发，留下一层层薄薄的石膏透明晶体，称为透明石膏。由于风化的作用使晶体逐渐变化成了细沙，随着西南盛行风飘落盆地上，堆成高耸陡峭的沙丘，许多沙丘高达 15 米。盛行风不仅堆起沙丘，并且还把沙子吹到远处，迁移距离每年达 9 米。这个过程从来没有停歇过，使地貌不断变化，日新月异。

沙子不停迁移，本身又是咸性颗粒，加上雨量稀少，一般的植物都难以存活下去。这里生长的植物，像丝兰、美洲杨树等，都具有很发达的根部，能深入沙层，稳住干茎。就拿美洲杨树来说，其根部长达 30 米。

基于这种原因，能在此地区长住的动物也不多，其中包括浅色的无耳蜥蜴、昼伏夜出的阿帕奇囊鼠。这两种动物都具有保护色，身躯的皮肤色与眩目白沙浑然一体，难以发现。阿帕奇囊鼠为珍稀动物，仅仅生存于此地区。

在白沙名胜区的边缘，温度稍微低些、水分比较丰富，动植物也相对多了起来。约五百种野生动植物在此繁衍，包括多种颜色鲜艳的显花植物，比如有金黄色的臭瓜、粉红的百金花、紫色的叶子花等等，动物有郊狼、臭鼬、更格芦鼠、穴居沙龟、美洲獾、蛇、豪猪等栖息在这里，它们夜里偶尔也会来到沙丘之间，在白色沙子上留下痕迹。

这个地区的"美"，在于瞬息万变而又亘古不灭。一方面，地貌时时刻刻都随着风而变幻，日夕不同；另一方面，大自然不断补充流失的石膏颗粒，就像是寒冬瑞雪降在北极冻原，使之天长日久，永不改变其面貌。

拓展思考

1. 石膏沙漠里最美丽的景观是什么？
2. 在这个地方可以生长植物吗？

圣海伦斯火山—— 美国的富士山

Sheng Hai Lun Si Huo Shan—— Mei Guo De Fu Shi Shan

圣海伦斯火山形状的匀称以及山顶布满雪的特性，与日本的富士山颇为相似，因此受到了许许多多游客的关注，被人们称为"美国的富士山"。它是喀斯喀特山脉的一部分，喀斯喀特山脉是太平洋海岸的一部分，圣海伦斯火山是一座活火山，位于美国太平洋西北区华盛顿州的斯卡梅尼亚县，在西雅图市以南 154 千米，波特兰市东北 85 千米处，北纬46°，西经 122°，海拔 2549 米。在喀斯喀特众多的山脉中，圣海伦斯该火山是一座相当年轻的火山，大约在四万年前形成，因为火山灰喷发与火山碎屑流而著名。

◎圣海伦斯火山的演化

圣海伦斯火山有史以来最大的山崩发生在 1980 年 5 月 18 日上午 8 时23 分，五级多的地震震动着华盛顿南部的圣海伦斯火山，接着又引发了老火山的爆发，造成了很严重的后果，包括工作人员在内的 57 人被火山夺去了生命，数千平方千米的森林被摧毁。

从 1980 年起，火山北坡的崩塌与火山泥石流的侵蚀导致河流大面积被岩石赃物和树木所填埋，湖中更是塞满了被摧毁的树木。

2010 年，在火山侵蚀贫瘠地带已经能看到零星的红点了，说明植物正在逐渐地恢复，但火山本身的山崩区域仍然是光秃秃的，不过这些看似没有绿色的地方也开始出现了生机，人们在这里发现了草原羽扁豆，它能从空气中而非从土壤中吸收氮元素。从这些微小的生命开始，相信这里将会变得很有生机，只是时间长短的问题。

◎圣海伦斯火山的喷发历史记录

如果想要了解圣海伦斯的喷发记录，可能就要依赖历史上为数不多的记录与当地居民的传说了。美国火山学家根据树轮的年代学以及长达几十年的全面考证和研究，终于确认圣海伦斯火山历史上最后一次大规模的喷发是在 1802 年，而较小规模的喷发一直延续到 1857 年。1980 年 3 月 20日之前，只有一台地震仪对圣海伦斯火山惊醒进行连续监测，在发现火山活动不同寻常后，美国地质调查局和华盛顿大学迅速增加了许多检测仪器，以便更全面准确地开展监测工作，并成功地预测出圣海伦斯火山会有一次大规模的爆炸式喷发，同时还会有大面积山崩的危险。3月27日，美国森林局强行划定了警戒区并限制靠近火山，以此来减少火山喷发所造成的危害。

由于火山喷发前有较长时间的预兆信息和地震活动，才得以安排好应对工作，并做出了较好的预测，没有造成更大的人员伤亡。圣海伦斯火山喷发的经验告诉我们，不要对那些看似已死亡的活火山掉以轻心，它也有随时爆发的可能性。

◎圣海伦斯火山的现状

为了让人们更好地了解圣海伦斯火山，美国政府专门为此开设了一条通道，供旅游专用，并利用这个场所教育人们，宣传火山喷发的危险性。

这座被称为美洲最活跃火山的圣海伦斯火山，在过去的一段时间内非常不安分。高高的火山口经常会冒出浓浓的烟雾，站在火山附近还可以感受到大地在微微震动，地质学家将这一现象称为"火山的低水平爆发"。

※ 冒着浓浓烟雾的圣海伦斯火山

后来，为了使想要接触火山的人们可以像专家们一样能背上背包上山，政府解除了对圣海伦斯火山的登山禁令。不过，有"低水平爆发"，也就意味着还是有危险存在的，当地政府特别提醒游客，活火山随时都有可能出现爆发状况，所以要格外注意安全。

知识链接

世界上的十大火山分别是：美国圣海伦火山，菲律宾皮纳图博火山，意大利维苏威火山，冰岛拉基克鲁特火山，印度尼西亚克鲁特火山，日本九州岛的云仙火山，哥伦比亚内华达德鲁兹火山，西印度群岛培雷火山，印度尼西亚喀拉喀托火山，印度尼西亚亚塔姆波拉火山。

拓展思考

1. 火山是怎样形成的？
2. 世界上最活跃的火山有哪些？

伊瓜苏瀑布之谜

Yi Gua Su Pu Bu Zhi Mi

伊瓜苏大瀑布，平均流量每秒 1751 立方米，为马蹄形瀑布，高 82 米，宽 4 千米，是北美洲尼加拉瀑布宽度的四倍，比非洲的维多利亚瀑布还要大一些。悬崖边有无数树木丛生的岩石及岛屿，使伊瓜苏河由此跌落时分为约 275 股急流或泻瀑，高

度 60~82 米不等，伊瓜苏大瀑布与伊瓜苏河皆得名于一个意为"大水"的瓜拉尼语词汇。伊瓜苏大瀑布是世界上最宽的瀑布，它位于阿根廷与巴西边界上伊瓜苏河以及巴拉那河合流点上游 23 千米处，流入伊瓜苏河。1984 年，被联合国教科文组织列为世界自然遗产。

◎壮观的伊瓜苏大瀑布

伊瓜苏瀑布与众不同之处在于它的观赏价值。从不同地点、不同方向、不同高度，看到的景象也有所不同。峡谷顶部为瀑布的中心，水流量最大最猛，被称为"魔鬼喉"。瀑布的轰鸣声在 20 千米以外都能听到。历史上许多名人都对此发出了由衷的赞叹。

伊瓜苏瀑布由约 275 个小瀑布组成，瀑布之间是一些长满树木的岩石小岛。瀑布从坚硬的火山岩流过，这些岩石不容易被侵蚀，经得起水流的冲刷，迫使水流在这些狭窄的水道通过，构成一个小瀑布。小瀑布泻到谷底后，重新汇成汹涌的急流，继续向南方奔腾。美国总统罗斯福的夫人在参观这一奇景后说："我们的尼亚加拉瀑布与伊瓜苏瀑布相比，简直就像厨房里的水龙头！"

伊瓜苏河大部分河道的宽度在450～900米之间，河水就此变成了伊瓜苏瀑布。整个流域降水量的季节性变化取决于河水水位的升降以及瀑布的流量。每年的十一月至次年三月是雨季，瀑布倾入魔鬼咽喉峡的水量为每秒1360万公升，而四月至十月是旱季，每秒的泻入水量只有330万公升，并且，大约每40年会出现

※ 伊瓜苏河

一次河流完全干涸的旱情，上一次是1978年。每40年一次的干涸总会如期而来，这是一种巧合，还是神秘力量的作用呢？对其探索的脚步从来没有停止，而真相仍等着人们的发现。

◎历史传说

当地有这样一个美丽的传说：某部族首领之子站在河岸上，祈求诸神恢复他深爱着的公主的视力，所得到的回复是：大地分裂为峡谷，河水涌入，把他卷进谷里，而公主终于重见光明，她成为了第一个看到伊瓜苏瀑布的人。

※ 伊瓜苏瀑布

▶ 知识链接

1541年，西班牙探险家德维卡来到这里，他是最早发现这条瀑布的欧洲人。德维卡并不觉得伊瓜苏瀑布特别壮观，只形容为"可观"，他描绘伊瓜苏瀑布，说它"溅起的水花比瀑布高，高出不止掷矛两次之遥"。

拓展思考

1. 世界上的五大瀑布分别是什么？
2. 为什么伊瓜苏瀑布能够拥有这么大的泄水量？
3. 你认为伊瓜苏瀑布40年一枯竭的规律形成原因是什么？

2.5 吨，且石块接合得十分严密。塔的总重量约为 684 万吨。据考证，为建成大金字塔，一共动用了 10 万人，花费了二十年时间。胡夫金字塔的入口位于塔的北壁第十三石级，距地面约 20 米高。入口处有四块巨大的石板构成了人字形拱门，往里是 100 余米长的坡形隧道直达墓室。室内仅有一具深褐色磨光的大理石石棺，棺内空空，棺盖却不知去向。

第二座金字塔是胡夫的儿子哈夫拉国王的陵墓，建于公元前 2650 年，比胡夫金字塔低三米，建筑形式更加完美壮观，塔前建有庙宇等附属建筑以及著名的狮身人面像。

第三座金字塔属胡夫的孙子门卡乌拉国王，建于公元前 2600 年左右。当时正是第四王朝衰落的时期。

三座金字塔的石块，可在法国国境四周建造一道高 3 米，厚 30 厘米围墙。金字塔的斜度都为 52°，每一石块紧密连着，几乎找不到任何缝隙，连刀尖也插不进，不得不佩服古埃及的度量及工程等技术之高。

▶ 知识链接

·金字塔的兴起·

金字塔是古埃及奴隶制国王的陵寝。这些统治者在历史上称之为"法老"。由于古代埃及人对神的虔诚信仰，使当地人们很早就形成了一个根深蒂固的"来世观念"，他们甚至认为"人生只不过是一个短暂的居留，而死后才是永久的享受"。因而，埃及人把死亡以后看作是尘世生活的延续。受这种"来世观念"的影响，古埃及人在活着的时候，就诚心备至、充满信心地为死后做准备。每一个有钱的埃及人都要忙着为自己准备坟墓，并用各种物品去装饰坟墓，以求死后获得永生。对于法老或贵族来说，他会花费几年，甚至几十年的时间去建造坟墓，还命令匠人以坟墓壁画和木制模型来描绘他死后要继续从事的驾船、狩猎、欢宴活动，以及仆人们应做的工作等等，使自己能在死后与生前一样生活得舒适如意。

拓展思考

1. 最著名的金字塔包括哪些？

2. 金字塔的演变历史是怎么样的？

刚果盆地—— 宝石处女之地

Gang Guo Pen Di——Bao Shi Chu Nv Zhi Di

刚果盆地称扎伊尔盆地，是非洲最大的盆地，也是世界上最大的盆地。刚果盆地位于非洲中西部，大致形状为方形，面积约 370 万平方千米。具体位置在几内亚高原、南非高原、东非高原及低小的阿赞德高原之间，大部分在扎伊尔境内，西部及北部包括刚果以及中非的部分领土。

◎盆地的形成

刚果盆地是个构造盆地，底部是基本上没有受扰动的厚层沉积岩，形成平坦单调的地形，只有断层作用造成的一些零星分布的不高的陡崖在一定程度上打破了这种单调的景观。沉积岩是在内湖沉积的。后来因为地壳运动上升，原始的刚果河（扎伊尔河）切穿了盆地西缘，内湖才逐渐消失。现在盆地西南部的两个大湖就是它残留下来的痕迹。盆地周围是相邻高原的边坡，它的基底结晶岩广泛出露。

◎内陆湖的形成

刚果盆地原为内陆湖，因地盘上升和湖水外泄，形成典型的大盆地，是前寒武纪非洲古陆块的核心部分。由古老的变质花岗岩、片麻岩、片岩、石英岩等组成。从盆地边缘向中央的岩层分布由老到新，依次为太古代基底杂岩、二叠至三叠纪砾岩、石灰岩和砂岩、侏罗纪卡罗系砂岩、洪积世以及现代沉积。地形四周高中间低，除西南部有狭窄缺口外其余全被高原山地包围着。内部为平原，面积约 100 万平方千米，地势低下，平均海拔 300～500 米，从东南向西北倾斜，多湖泊，有大片沼泽。金沙萨北的马莱博湖海拔 300 多米，为盆地最低处。在平原上，刚果河及其支流有着宽广的谷地，排水不畅，河水漫出河床而形成大片沼泽。

◎孤山和丘陵

平原外围有孤山和丘陵，高度为海拔 500～600 米，是平原和盆边高地的过渡地带。盆地边缘为一系列高原、山地，北部边缘为中非高地，平均海拔 700～800 米，是刚果河、乍得湖、尼罗河三大水系的分水岭；东部边缘为米通巴山脉；东南边缘是南非高原北端的加丹加高原，它是刚果河与赞比西河的发源地；西南边缘隆达高原是安哥拉比耶高原的北部延长部分，为刚果河、开赛河和安哥拉北部诸河的分水岭；西部边缘为喀麦隆低高原、苏安凯山地、凯莱山地以及瀑布高原等一系列高地。有刚果河及其支流形成的单一完整的水系。

　　盆地南北部地区是高原，东部为东非大裂谷，缺口在西部，即刚果河下游和河口地段。刚果盆地包括了刚果河流域的大部分，平均海拔 400 米，有大片沼泽。

▶ 知识链接

·矿藏资源·

　　刚果河的许多支流都流到盆地内汇进干流，因此，这里水系发达。盆地气候属于热带雨林气候，年平均气温 25～27℃，降水量 1500～2000 毫米以上。刚果盆地边缘的矿产资源非常丰富，金刚石、铜、锗、钴、锡、铀、锰、钽的储量都在世界上名列前茅。有"中非宝石"著称，为重要农业区，产油棕、咖啡、橡胶、烟叶等。这里的大部分地区都无人居住，然而却是大猩猩等热带动物生活的天堂。

拓展思考

1. 简单介绍一下刚果盆地的热带雨林。
2. 在刚果盆地的物种保护都有哪些？

地球上的神秘地带

狮身人面像

Shi Shen Ren Mian Xiang

古埃及人很崇拜狮子，在他们的眼里狮子是力量的化身，因此，古埃及的法老把狮身人面像放在他们的墓穴外面作为守护神。著名的狮身人面像就在哈夫拉金字塔的南面，距胡夫金字塔约350米。狮身人面像的阿拉伯语的意思为恐怖之父。

狮身人面像的地理位置在开罗西南的吉萨大金字塔旁边，它是埃及著名的古迹，与金字塔都是古埃及文明最具有代表性的遗迹。狮身人面像高21米，长57米，耳朵长2米；除了前伸达15米的狮爪是用大石块镶砌以外，其整座像是在一块含有贝壳之类杂质的巨石上雕塑而成；面部是古埃及第四王朝法老哈夫拉的脸型。相传公元前2600多年，哈夫拉到此巡视自己的陵墓——哈夫拉金字塔工程时，吩咐为自己雕凿石像。于是工匠别出心裁地雕凿了一头狮身，而以这位法老的面像做为了狮子的头。在古埃及，狮子是力量的象征，狮身人面像实际上就是古埃及法老自身的定照。雕像坐西向东，蹲伏在哈夫拉的陵墓旁。由于它的形状就像希腊神话中的人面怪物斯芬克斯，西方人因此也称它为"斯芬克斯"。

原来的狮身人面像头戴皇冠，额套圣蛇浮雕，颏留长须，脖围项圈。但经过几千年来风吹雨打与沙土掩埋，皇冠、项圈早已不见踪影，而圣蛇浮雕于1818年被英籍意大利人卡菲里亚在雕像下挖掘出来，献给了英国大不列颠博物馆；其胡子也掉落的四分五裂，埃及博物馆存有两块，大不列颠博物馆也曾存有一块，现已归还埃及。狮身人面像的鼻部也已缺损了一大块，据说是被拿破仑士兵侵略埃及时打掉的，这只是没有根据的传言，其实是被中世纪朝圣游客伊斯兰苏菲派教徒砸掉的。历经4000多年的狮身人面像，现已是千疮百孔，颈部、胸部腐蚀的特别厉害，就像是得了绝症的病人一样无法治愈。1981 年 10 月，石像左后腿塌方，形成一个 2 米宽、3 米长的大窟窿。1988 年 2 月，石像右肩上又掉下两块巨石，其中一块重达 2 千克。

▶ **知识链接**

　　传说斯芬克斯经常让过路的人猜它出的谜语，猜不出的人就会遭害。斯芬克斯像雄伟壮观，它表情肃穆，凝视远方。当年土耳其人攻打埃及时，曾经把斯芬克司的鼻子和胡须做靶子打炮，被打掉的鼻子和胡须现存在伦敦的大英博物馆内。

　　据测埃及吉萨高原大狮身人面距今约 4500 年的历史，但是，这个数据仅仅是一种理论并不代表事实，比利时土木工程师罗伯特·波法尔称："与狮身人面像同一时期，不管是刻在墙上、石柱或大量的纸莎草纸上都没有关于它的记载信息。"那么，它是什么时候建起的？约翰·安东尼·魏斯特向狮身人面像的建造时间提出了疑问。他指出，经过长期的风吹雨打，现在的它已千疮百孔，面部被大雨冲刷留下的痕迹清晰可见。然而，沙漠中的雨水是怎么来的？事实上，约 10500 年前，该地区经历过大量的降雨，这样一算，狮身人面像的年龄与现在普遍接受的 4500 年这一历史时间还要久远两倍多。波法尔和格雷厄姆·汉考克计算，大金字塔同样可以追溯到公元前 10500 年前，而这个时间早在埃及文明之前。这就又提出了新的问题：是谁建造了它们，又为何而建？埃及古物学者称，狮身人面像的大体形状可能是在风和沙子的作用下自然雕琢而成的，古埃及人注意到它像狮子的身形后，就按照这样的雏形雕刻成狮身外形。

▰▰▰▰▰ **拓展思考** ▰▰▰▰▰

　　1. 狮身人面像有哪些历史意义？

　　2. 狮身人面像是怎么形成的？是否是自然形成的？

　　3. 你知道的还有哪些古埃及文明遗迹？

赤道雪峰—— 乞力马扎罗山

Chi Dao Xue Feng———Qi Li Ma Za Luo Shan

乞力马扎罗山是位于坦桑尼亚东北部的大火山体，邻近肯尼亚边界，是非洲最高的山脉，高 5963 米，面积 756 平方千米，乞力马扎罗山素有"非洲屋脊"之称，还有许多地理学家则喜欢称它为"非洲之王"。

◎坦桑尼亚的骄子

乞力马扎罗山是坦桑尼亚人心中的骄傲，他们把自己看作是草原之帆下的子民。相传，在很久很久以前，天神降临到了这座高耸入云的高山，就在这高山之巅俯视并赐福予他的子民们。盘踞在山中的妖魔鬼怪为了赶走天神，在山腹内部点起了一把大火，滚烫的熔岩随着熊熊烈火喷涌而出。妖魔的举动激怒了天神，他唤来了雷鸣闪电瓢泼大雨把大火扑灭，又

※ 乞力马扎罗山全景

召来了飞雪冰雹把冒着烟的山口填满，这就是我们今天看到的这座赤道雪山，地球上一个独特的风景点。这个古老而美丽的故事世世代代在坦桑尼亚人民中间传诵，这使大山变得神圣且更加的威严。

乞力马扎罗山在坦桑尼亚人心中无比神圣，很多部族每年都要在山脚下举行传统的祭祀活动，祭拜天神及山神，以求平安。

◎让人难以相信的赤道雪峰

赤道是地球表面的点随地球自转产生的轨迹中周长最长的圆周线，赤道地区的阳光是地球上最热最强的能量。在赤道附近突然"冒"出这一座晶莹的冰雪世界，堪称是世界上的一大奇迹。山麓的气温有时高达 59℃，

※ 空中俯瞰乞力马扎罗山

而峰顶的气温又常在零下 34℃，故有"赤道雪峰"之称。在过去的几个世纪里，乞力马扎罗山一直是一座神秘而迷人的山峰——没有人相信在赤道附近居然还有这样一座覆盖着白雪的山。1861 年，有一批西方的传教士、探险者来到非洲，亲眼目睹赤道旁边的这座峰顶积雪的高山，并且为它拍下了照片，西方人开始相信这个事实。可是，阳光终年直射的赤道地带，山上怎么能结成厚厚的冰层呢？这可能是山太高的缘故。从地面往上，大约每升高 200 米，气温就要降低 1～1. 2℃，到了 5000 米以上的地方，积雪自然也就不会融化了。

▶ 知识链接

　　近年来，海拔 5963 米的非洲第一高峰——乞力马扎罗山山顶积雪融化、冰川消失现象非常严重，在过去的八十年内冰川已经萎缩了百分之八十以上。有环境专家指出，乞力马扎罗雪顶可能将在十年内彻底融化消失，那么此时的乞力马扎罗山独有的"赤道雪山"奇观将与人类告别。

|| 拓展思考 ||

　　1. 如何看待乞力马扎罗山附近热带、温带、寒带景色并存的现象？

　　2. 乞力马扎罗山的积雪融化是什么原因造成的？

　　3. 除了海拔高气温下降以外，乞力马扎罗山山顶雪峰的形成还有其他原因吗？

地球上的神秘地带

震惊世界的尼奥斯湖杀人事件

Zhen Jing Shi Jie De Ni Ao Si Hu Sha Ren Shi Jian

喀麦隆的尼奥斯湖是一个活火山湖，位于喀麦隆西北省一带地区。原来尼奥斯湖是个火山口，很长时间都未曾喷发，积水成泽，从而形成了"火山湖"。湖泊主要由淡水组成，它覆盖住了火山的喷口，海拔为1000多米，平均水深为200米，其表面一望平川，而在500米深的湖底，却溶解了数十亿吨的二氧化碳与甲烷，和世界上的许多火山区一样，在尼奥斯湖的湖底以及湖岸也有很多的温泉，并且泉水中含有大量的碳酸，这些不断流入尼奥斯湖的泉水也会提升湖中的二氧化碳含量，且其浓度会持续不断的上升。

◎尼奥斯湖惨案

尼奥斯湖就在帕美塔高原的一个山坡上，湖水长年碧蓝清澈，湖边绿草密集丛生，湖边偶尔也会有鸟飞兽走。优美的景色使尼奥斯湖成了一个旅游观光景区。山谷里是几个村镇，那里的人们过着怡然自乐的日子。

然而在1986年8月21日，喀麦隆发生了一桩震惊世界的大惨案：一夜之间尼奥斯村男女老幼1700多人在甜美的睡梦中死亡，大批牲畜窒息而死。

经多方调查证明，制造这桩惨案的"凶手"竟是尼奥斯湖。在1986年8月21日夜间，几千万立方米原本溶解在湖水里的二氧化碳突然间冲出了湖水，因为这种气体比空气重，所以它紧贴地面像云一样沿着火山壁流进了山谷，1700多人及更大数目的各种动物被围困在这团二氧化碳云雾中全部窒息而死。

8月22日早晨八点多，几位游人开车到湖区游玩，其中一位是年轻的牧师伏尔鲍，当快要进入湖区的时候，他们发现雾气很浓，就把车窗关上了，慢慢开行。

进入湖区后，他们看到路旁停着几辆开着窗的汽车，还有一辆摩托车，奇怪的是汽车里的人及摩托车上的人似乎都睡着了。

他们好奇地停下车子，下车后就闻到了一股奇怪的气味，再看摩托车边的人，口鼻流血，已经停止了呼吸，汽车里的人也是一样的状况。这时，伏尔鲍与同伴们都感到呼吸困难，四肢发软，他们意识到不妙，伏尔鲍大声对同伴们喊："快往高坡上跑！"可是已经来不及了，几个同伴支持不住倒下了！伏尔鲍也快支撑不住了，他感到呼吸非常的困难，浑身一点力气也没有，但求生的强烈欲望催促着他爬上了一个高坡。惊魂未定的伏尔鲍迅速的报了警。

※ 尼奥斯湖

因为尼奥斯湖地理位置比较偏远，警察在十点钟才赶到，惨不忍睹的灾难场景让见多识广的警察们都大吃一惊：山坡下的村镇里毫无动静，一种可怕的寂静触动着每个人的神经。死去的人们表情非常的痛苦、眼神惊愕，手向胸部抓挠，像是努力挣扎过，口鼻中还有大量已经凝结的血块。

◎揭开尼奥斯湖的神秘面纱

尼奥斯湖是一个火山湖，在湖底部岩浆中释放出的二氧化碳缓慢向湖底渗进，并逐渐溶于湖水中，密度在不断增大。而湖表层的冷水类似于一个大盖子一样平静地盖在上面，使二氧化碳以及其他有害气体难以散发出来。

但是地震或地层变化时，湖表层的"盖子"就会发生震荡，毒气有可能发生剧烈的喷发。因为二氧化碳等气体密度较大，喷发后的二氧化碳云团会沿着山势往下沉，这时就会包围附近的村庄，由于这些毒气无色无味不容易被察觉，待到二氧化碳等气体沉积到一定的密度时，人和牲畜也就会窒息而亡了。

◎如何避免尼奥斯湖惨案的再次发生

尼奥斯湖火山从 1986 年突然喷发至今已有二十多年，自那次以后，它又陷入了静默。但是，谁能保证它不会再一次突然喷发呢？科学家们发现，二十多年前火山喷发造成的大量死亡事件，主要原因并不是火山本身喷发所造成的，而是因为尼奥斯湖底聚积的巨量有害气体被冲出了水面。因此，科学家们从 2001 年起尝试为尼奥斯湖进行排毒，用特制的排气管，将湖底的二氧化碳与其他有害气体通过排气管导出来并对其进行妥善处理。

2008 年 3 月，喀麦隆政府与联合国开发计划署在喀麦隆首都雅温得签署文件，计划在 2010 年前完成"杀人湖"的治理及移民安居计划。希望在人类科学力量的保驾护航下，悲剧能不再发生。

▶知识链接

　　火山湖的湖水按化学性质的不同呈现有规律的分层，这种分层让湖水保持了一种奇妙的化学平衡状态。尼奥斯湖水中溶有大量的气体，其中九成是比空气重一倍多的二氧化碳，另有一些是含有氰化氢及其延伸物的剧毒气体。这些气体在湖水平静的时候，才能安分守己地待在湖底，一旦有足够强烈的外力运动，充满碳酸的水就会上升，产生巨量的二氧化碳，冲出水面，和其他毒气一起，形成大量雾气涌向岸边，也就成了让人畜瞬间窒息的隐形杀手。

|拓展思考|

1. 尼奥斯湖惨案的发生是在哪些条件的作用下共同形成的？
2. 应该怎样预防尼奥斯湖惨案的再次发生？

地球上的神秘地带

拉利贝拉岩石教堂

La Li Bei La Yan Shi Jiao Tang

※ 拉利贝拉岩石教堂

埃塞俄比亚的岩石教堂举世无双，其中最著名的要数亚的斯亚贝巴以北300多千米的拉利贝拉岩石教堂。拉利贝拉岩石教堂始建于公元十二世纪后期拉利贝拉国王统治时期，其地理位置在地势比较高的埃塞俄比亚中的拉斯塔山脉，依靠山脉的最高峰——4100多米的阿布那·其斯山，在首都亚的斯亚贝巴以北350千米的地方，有着"非洲奇迹"的称号。1979年，联合国教科文组织把它列为世界文化遗产之一。

◎关于拉利贝拉岩石教堂建造原因的由来

据说，十二世纪埃塞俄比亚第七代国王拉利贝拉刚刚出生的时候，一群蜂围着他的襁褓飞来飞去，怎么也驱赶不散。拉利贝拉的母亲认准了那是儿子未来王权的象征，便给他起名拉利贝拉，意思是"蜂宣告王权"。当政的哥哥哈拜起了坏心想要毒杀他，被灌了毒药的拉利贝拉三天长睡不醒，在梦里，上帝指引他来到耶路撒冷朝圣，并得神谕："在埃塞俄比亚造一座新的耶路撒冷城，还要求用一整块岩石建造教堂"。于是拉利贝拉按照神谕在埃塞俄比亚北部海拔2600米的岩石高原上，动用了5000名工人，花费了30年的时间凿出了11座岩石教堂，后来人们把这里称为拉利贝拉。从此，拉利贝拉成即埃塞俄比亚人的圣地。至今，每年的1月7日即埃塞俄比亚圣诞节，信徒们都会汇集于此。

◎拉利贝拉岩石教堂的建筑结构

拉利贝拉的十一座岩石教堂大致分为三群，彼此间由地道和回廊连为一个整体。每座教堂占地几十到几百平方米，相当于三四层楼房的高度。在这些山岩教堂中，最大的教堂叫"梅德哈尼阿莱姆"，其意为救世主教堂，这座教堂由一块长 33 米、宽 20 多米、高 10 米多点的红岩凿成，面积达 782 平方米。它拥有五个中殿和一个长方形的廊柱大厅，28 根石柱，经仔细琢磨后雕上了几何图案。房屋顶是阿克苏姆式尖顶，窗棂也镂雕成阿克苏姆的石碑式棂格。阿克苏姆文化的元素在这里得到了保护。

◎拉利贝拉岩石教堂的开凿过程

由于教堂完全凿建在山体岩石内，其工程异常的艰难。首先要在山坡上寻找合适的完整且没有裂缝的巨型岩石，除掉表面的浮土和软岩后，再把四周凿出 12～15 米深的沟槽，使它与整个山体完全脱离。然后在巨岩石内预留墙体、屋顶、祭坛、廊柱、门和窗，并小心地把岩石内不要的石块一点一点凿掉，形成像房间一样的空间，接着在石壁上精雕细镂，最后成为一座具有特殊质感和观感的教堂。

开凿工程分为几个阶段进行，这样一来，建筑师、工人和手工艺人可平视工作，不用脚手架。一些人负责开凿独石，将它与周围岩石分离，其他一些人就负责制作成型。碎石通过凿开的窗口及门口搬运出去，使用的工具也很简单，就只用镐和杠杆挖掘，用小斧和凿子进行细致加工。

　　拉利贝拉岩石大教堂所在国家埃塞俄比亚还有着"美女之国"的称号，与周围非洲国家的姑娘相比，埃塞俄比亚姑娘存在着一些明显差异，她们的皮肤颜色较淡，鼻子挺直，额头广阔，都长着一双像会说话的柳眉大眼，还有一口天生整齐洁白的牙齿，带有一部分闪米特人的面貌特征。另外，不少埃塞俄比亚姑娘还具有艺术修养，她们能歌善舞，且言谈举止大方得体，这完全归功于这个国家几千年的文化底蕴。

| 拓展思考 |

　　1. 如何看待拉利贝拉岩石大教堂的艺术价值和世界地位？

　　2. 你认为拉利贝拉岩石大教堂的开凿对周边环境有影响吗，影响是好还是坏？

地球上的神秘地带

像鸡蛋卷一样的博苏姆推湖

Xiang Ji Dan Juan Yi Yang De Bo Su Mu Tui Hu

博苏姆推湖，位于加纳共和国库马西边东南大约 30 千米的西非大地盾的水晶矿床上，它是该国惟一的一个自然湖泊。面积约为 49 平方千米，深 70 米左右。博苏姆推湖周围被浓密的雨林环绕着，非洲西部阿善堤地区的人们认为这是个神明之地，他们认为这里是死者的灵魂与上帝告别的地方。

◎博苏姆推湖的奇特形状

博苏姆推湖具有鸡蛋卷一样的形状，湖面直径 7000 米，湖的中心 70 多米深，四壁向中心陡下，好像用圆锥打出来的一样。博苏姆推湖是加纳惟一的内陆湖泊，湖岸边建有旅游设施。博苏姆推湖从表面上是完全看不出它的特色，挖这样大的湖需要挖走几亿立方米的泥土，如此浩大费事的工程会有什么目的呢？另外，七千米直径的湖面周边没有任何凸出与凹下，圆滑无比，这完全不是人所力所能及的事。

◎博苏姆推湖地区的气候类型和特征

博苏姆推湖处于热带，气候终年炎热，是典型的热带气候。主要受撒哈拉沙漠刮来的热带大陆气团及大西洋刮来的热带海洋气团的影响。全年没有四季之分，只有干旱与雨季两个季度，五月至十月为雨季，十一月至四月为旱季，年平均气温为 26℃～29℃。

◎关于博苏姆推湖形成原因的讨论

对于这个世界罕见的圆锥形湖泊的形成原因，讨论一直是各执己见，莫衷一是。人们容易想到的是陨石撞击地球爆炸所造成的结果，或是由于火山喷发留下的一个火山口湖。

但是地质学家通过对阿散蒂地区进行的详细调查，不但没有发现这一地区有陨石坠地爆炸的迹象，并且也没有发现这一地区在地质史上有过火山爆发的痕迹。有人推测这个奇特形状是由于陨石落地而形成的。

地球上的神秘地带

※ 陨石冲撞地球形成博苏姆推湖?

而科学家与地质学家们对此地区及湖泊附近进行搜寻,并没找到任何关于陨石碎片的东西。

这些推测都被一一否定了。但是,人们并没有就此而灰心,合理的解释一定会被找到,只是需要时间而已。

> **知识链接**

博苏姆推湖在非洲西部的加纳共和国境内,加纳共和国因盛产黄金,独立前称"黄金海岸"。它还是可可之乡,据说全世界每六块巧克力中,就有一块原料来自加纳。

拓展思考

1. 博苏姆推湖的形成原因和外星人有关系吗?

2. 你认为博苏姆推湖对于加纳人来说有什么意义?

大

洋洲神秘地带一览

第五章

DAYANGZHOUSHENMIDIDAIYILAN

艾尔湖—— 无水盐湖

Ai Er Hu——Wu Shui Yan Hu

艾尔湖属于浅水盐湖，它位于澳大利亚的中部地区，是一个时令湖，它还是澳大利亚最大的湖泊。湖的最低点位于海平线下 15 米，是艾尔湖盆地的焦点。总面积超过 100 平方千米，分南北两湖，北埃尔湖长为 144 千米，宽为 65 千米；南埃尔湖长 65 千米，宽度约 24 千米，两湖之间由狭窄的戈伊德水道相连互通。

◎概述

艾尔湖地处澳大利亚中部的沙漠，是澳大利亚大陆最低的地方，湖面比海平面低 12 米。艾尔湖盆地是湖床附近的大型内流湖系统，最低的部分是随季节增加和减少水体的浅盐湖。附近干旱地区年平均降雨量不到 120 毫米，而年蒸发量达到了 2500 毫米。在干旱季节时，当河流从山地向西流时，一路上因蒸发和渗漏损失非常大，往往在半路上就消失了，艾尔湖湖岸的小湖装着剩下的少量水份，湖水面经常会干涸，湖面缩小就形成了盐池；在雨季时，河流从东北方向流入湖泊，季候风带来的雨量决定河水是否会抵达艾尔湖及其深度，附近地区的水也会使湖泊中有小型泛滥，每三年平均泛滥 1.5 米，每十年泛滥 4 米，在一个世纪会完全注满四次。湖水会在次年的夏天末期，中小型泛滥之后被蒸发。

知识链接

艾尔湖的湖水主要来自河水与雨水，它的面积变化很大，降雨量较大时，面积可达 8200 平方千米，降水较少时就会出现干涸。按照其平均面积它是世界第十九大湖，如果按其最大面积来计算的话，艾尔湖就是大洋洲最大的湖泊。

◎地理位置

澳大利亚中南部大盐湖，位于大自流盆地的西南角，这是个封闭的内陆盆地，该湖位于澳大利亚的最低部位。1840 年，欧洲人爱德华·约翰·艾尔最先看到此湖，该湖也因此得此名。

◎时令湖

位于澳大利亚中部的艾尔湖是个很有趣的湖泊。它就像幽灵一样，时而出现，时而消失，其踪影无处可循。1832年，一支勘探队来到这里考察，发现一个小盆地，上面覆盖着一层盐。1860年，又一支勘探队来到这里，却在这里发现了一个碧波荡漾的咸水湖，第二年，这支勘探队再次到达这里，准备测量这个湖的面积，可是湖又不见了，水波荡漾的地方却成为了一个小盆地。

原来，这个湖不是常年湖，而是一个时令湖。时令湖，水源主要是河水和雨水，如果当年雨量少，水分大量蒸发，湖水就会干涸，所以它才会时隐时现。每隔三年左右，它就要"失踪"一次。那么，湖水哪里去了呢？它像是在与人类玩"捉迷藏"。

艾尔湖的水源主要是雨水，而湖区及附近地区属干旱气候，年平均降雨量不到120毫米，年蒸发量达2500毫米，由于蒸发量远远大于降水量，湖水大量蒸发，常常会干涸。当暴雨来临时，降雨量较大时，湖盆中就会又蓄满了水，湖的面积可达8200平方千米，成为淡水湖；而降雨量较小时，湖水被大量蒸发，湖便干涸见底，该湖也就成了干涸的盐壳。因此造成艾尔湖时而出现，时而消失的现象。所以，它在地理学辞典中的面积是"0～8200平方千米"，其面积没有一个固定的数字。

为了改变澳大利亚中部的干燥气候，科学家们正在努力缚住这个"幽灵"。他们提出要开凿一条运河把附近的海湾与艾尔湖联系起来。这样，海水就会自动流向艾尔湖，这样它就不会再干涸了。

| 拓展思考 |

1. 艾尔湖的著名旅游景点是什么？
2. 艾尔湖最显著的特点是什么？

神秘的乌卢鲁

Shen Mi De Wu Lu Lu

乌卢鲁国家公园位于以红色沙土地为优势的澳洲中部，距艾丽斯泉市西约 350 千米的地方。公园面积 1300 多平方千米，主要由艾尔斯岩石和奥尔加山构成，它主要是以壮观的地质学构造而闻名遐迩。"乌卢鲁"就是土著人对艾尔斯岩石特有的著称，寓意为"庇难及和平的地方"，简单说就是"土地之母"的意思，它使当地的文化和宗教意义更为博大深远。

※ 乌卢鲁全景

◎艾尔斯石

在澳大利亚炎热、多沙的北部平原上，孤独挺拔地矗立着一块巨大的红色砂岩，其姿态格外的壮观。

艾尔斯岩石底面呈椭圆形，形状有些像两端略圆的长面包。长 3.6 千米，宽约 2 千米，高 348 米，基围周长约 8.8 千米。岩石成分为砾石，含铁量比较高，它的表面由于氧化而发红，

※ 艾尔斯石

整体为红色，因此又被当地人叫做红石。它是世界上最大的整体岩石，体积虽大，但只是一块石头，其气势雄峻，犹如一座超越时空的自然纪念碑，突现在茫茫荒原之上，在耀眼的阳光下散发着迷人的光辉。艾尔斯岩石被称为"人类地球上的肚脐"，号称"世界七大奇景"之一，距今已有四至六亿年的历史。

◎会变色的艾尔斯石

艾尔斯石仿佛是大自然中一个爱漂亮的模特，随着早晚天气及气候的改变而"换穿各种颜色的新衣"。当太阳从沙漠的边际慢慢地升起时，巨石"披上浅红色的盛装"，鲜艳夺目、壮丽无比；到中午，则"穿上橙色的外衣"；当夕阳西下时，巨石会变得姹紫嫣红，在蔚蓝的天空

※ 会变色的艾尔斯石

下犹如熊熊的火焰在燃烧；当傍晚时分时，它又匆匆"换"上黄褐色的"夜礼服"，风姿卓越地回归大地母亲的怀抱。关于艾尔斯石变色的缘由有许多种说法，地质学家认为，这与它的成分有着密切关系。艾尔斯石实际上是岩性坚硬、结构致密的石英砂岩，岩石表面的氧化物在阳光的不同角度照射下，也随之不断地变化着颜色。

◎ "沥血"的红沙地带

地球被人们分为南半球和北半球，太阳光每年能垂直照射的地表部分是以赤道为中心的南北回归线之间的区域，南半球回归线横穿澳大利亚中部。回归线所在的区域上空，有大量干热的空气下沉流向地表，使此地区的气候干燥，被沙漠所覆盖。澳大利亚的沙漠和近似沙漠的土地约占全国的三分之

※ 红色的世界

一。因此，有人形容澳大利亚是一块并不为人类所用的土地。乌卢鲁位于澳洲大陆中部，且极其干燥、荒凉，是名副其实"拒人于千里之外"的地

方。乌卢鲁国家公园属于一个沙漠平原上的公园，遍地的沙粒诉说着干涸，一座座由沙堆积成的矮丘就像坟墓一样在证明着此地区生命是无法存在的。这里虽不见漫漫"黄沙"，但是展现在人们眼前的却是一片片如血的红色沙漠，像波涛似的起伏着，它是由风吹出来的"唇干舌燥"之杰作。

当地人从乌卢鲁及其周围的大自然中领悟了许多东西，他们最宝贵的精神财富都出自于这片土地。一位在这里一直守护着祖先土地的人这样说："即使你登上了乌卢鲁，你也看不清它的真面目，所以还是请离开岩石一些，然后用你的心来凝视它吧。"

▶知识链接 ·······························

乌卢鲁国家公园内生长着一种猴面包树，也叫澳大利亚瓶树。这种树到了雨季，在高高的树顶上生出稀疏的枝条及心脏形的叶片，就像是一个大萝卜。雨季一过，旱季来临，绿叶纷纷凋零，红花却逐渐点缀在枝头，瓶子似的大肚子树干直径可达几米，它把多余的雨水吸收贮存，等到了干旱季节再慢慢享用，延续生命，真是未雨绸缪！据说一棵猴面包树的瓶状肚子里装有十加仑水，无疑它是沙漠中水的暴发户。

| 拓展思考 |

1. 乌卢鲁中的巨岩为什么会变颜色？
2. 乌卢鲁当地的气候是怎样形成的？
3. 乌卢鲁地区的澳大利亚瓶树为什么会演变成如今的形态？

地球上的神秘地带

上帝的杰作—— 大堡礁

Shang Di De Jie Zuo——Da Bao Jiao

大堡礁位于南半球，它纵穿澳洲的东北沿海，北经过托雷斯海峡，南到南回归线以南，绵延伸展共有 2000 多千米，最宽处约为 160 多千米。有 2900 个大小珊瑚礁岛，自然景观非常特殊。大堡礁是世界上最大、最长的珊瑚礁群，也是世界七大自然景观之一，并且还是澳大利亚人最引以为自豪的天然景观。这里景色迷人、险峻莫测，水文形状非常的复杂，生存着 400 多种不同类型的珊瑚礁，有着世界上最大的珊瑚礁。并且还有鱼类 1500 种，软体动物达 4000 多种，聚集的鸟类 242 种，具有得天独厚的科学研究条件。这里还是某些濒临灭绝的动物物种（如儒艮以及巨型绿龟）的栖息地。又称为"透明清澈的海中野生王国"。

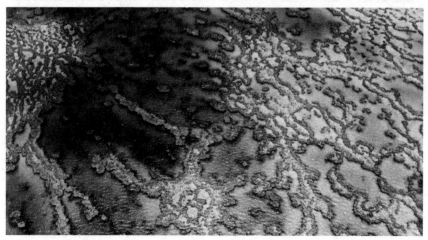

◎大堡礁的形成原因

大堡礁形成于中新世时期，距今已有 2500 万年的历史。它的面积持续扩大是上次冰河时期后，海面上升到现在位置后一万年才形成的。

令人不可思议的是，能够造就如此庞大工程的"建筑师"，却是直径只有几毫米的腔肠生物珊瑚虫。珊瑚虫体态玲珑，色泽美丽，只能生活在

全年水温保持在 22℃～28℃的水域，并且是水质必须洁净、透明度相当高的水区。澳大利亚东北岸外大陆架海域正好具备了珊瑚虫繁衍生殖的条件。珊瑚虫主要以浮游生物为食，适应群体生活，能分泌出石灰质骨骼。老一代珊瑚虫死后留下遗骸，新一代继续发育繁衍，像树木抽枝发芽一样，向高处和两旁发展。如此年复一年，日积月累，珊瑚虫分泌的石灰质骨骼，连同藻类、贝壳等海洋生物残骸胶结在了一起，堆积成一个个珊瑚礁体。珊瑚礁的构造速度非常缓慢，在最好的条件下，礁体每年也不过增厚 3～4 厘米。

然而有的礁岩厚度已达到了数百米，说明这些"建筑师"们在此早已经历过了极其漫长的岁月。同时也可以证明，澳大利亚东北海岸地区在地质史上曾经历过沉陷过程，促使需要阳光和食物的珊瑚不断往上增长。在大堡礁，有 350 多种珊瑚，不管是形状、大小、颜色都极不相同，有些非常微小，有的可宽达 2 米。珊瑚千姿百态，有扇形、半球形、鞭形、鹿角形、树木和花朵状的。珊瑚栖息的水域颜色从白、青到蓝靛，绚丽多彩。珊瑚也有淡粉红、深玫瑰红、鲜黄、蓝以及绿色，异常鲜艳。

◎爱情的化身——心形珊瑚岛

心形岛是澳大利亚的著名景点大堡礁的一个奇特景观，它也是在大堡礁必看的景点之一，在空中俯瞰，它是一个天然的心形，再加上大堡礁本身就很好看的水色，景色更是美轮美奂。美丽的海洋及美丽的珊瑚岛，是大自然的鬼斧神工，让人们感叹不已，景色又是如此的令人流连忘返。

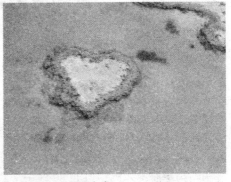

※ 美丽的心形珊瑚岛

▶ 知识链接

　　大堡礁地处热带，是全年都能进行观光活动的地方。最佳的观光时间是每年五月到十月之间（即本地的深秋、冬季和初春）最为理想。此时气候较为稳定、清爽宜人，多为蓝天白云。天气晴朗并有足够光线射入水中，各色绚丽的珊瑚以及鱼类的色彩非常艳丽动人。

拓展思考

1. 你知道全球变暖对大堡礁带来的毁灭性影响吗？
2. 除了心形珊瑚岛，世界上还有哪些地方是天然形成的心形？
3. 为什么把大堡礁称为海中野生动物王国？

会隐身的乔治湖

Hui Yin Shen De Qiao Zhi Hu

◎世界上的三个乔治湖

　　世界上有三个乔治湖，一个在乌干达境内，在爱德华湖东北 40 千米处，与卡津加河相通。此湖长 29 千米、宽 16 千米，面积 200 多平方千米。湖水浅，最深处仅 3 米左右，富渔产，沿岸多纸莎草沼泽；一个是在美国纽约州府奥尔巴尼以北 80 多千米的地方，是个高山湖泊，幽深迷人，是一个不但可以游泳，并且还能荡舟、开游艇的圣地；还有一个会隐身的乔治湖位于澳大利亚悉尼与堪培拉之间，距堪培拉 60 千米，是一片干涸的荒原，平坦如坻，可以牧羊、散步、开汽车。

　　澳大利亚乔治湖是新南威尔士州东南部淡水湖，位于堪培拉东北。常

※ 曾经的乔治湖景色

常会出现干涸无水的现象，水满时长约 26 千米，宽约 11 千米。湖水的补给来因目前还没有弄清楚。有时，地动会使湖床出现裂缝，水就会流入地下河，而该湖区就会成为草地。

◎神秘诡异的乔治湖

澳大利亚是世界上水资源缺乏的国家之一，水资源分布非常不均匀，时空变差也非常大，因此会带来许多奇异的水资源现象，乔治湖之迷就是驰名中外的一大神秘现象。

乔治湖之所以闻名，就是因为它的"行踪不定"，它每隔一段时间就会失去踪影，当它消失时，会出现在我们面前

※ 如今干旱的乔治湖面

一大片草原。而在不知不觉中，碧波荡漾的湖水又会重新出现在人们的眼前。据统计，该湖每十二年为一个周期，从干旱到水满湖盆通常持续三至五年的时间，干涸时间与丰水时间基本相当，约各占五至六年。在丰水期时，湖面面积约 200 平方千米，湖面平均深度为 2 米左右，完全属于平原水库的特征。

但令人奇怪的是，乔治湖并没有其他河流汇入，而且也没有流出的水路，至今科学家也无法明白这水从何而来，又流向哪里。干旱与湖水丰满似乎完全是偶然产生的，并没有任何明显的自然变化。澳大利亚水文学家为了解开湖面干旱与丰满的周期之迷，曾经进行了长期跟踪观测，但是由于没有湖面出入口，致使正常水文观测也无法进行。

◎乔治湖的隐身原因究竟是什么

究竟湖面为什么会有周期性的干旱和丰沛，科学家至今也没有找到合理的解说。有人认为它的消失和再现可能与星球运行、宇宙黑洞、月亮潮汐等自然引力有关，目前这样的说法仍然缺乏足够的证据。有的科学家认为，乔治湖是一个典型的时令湖，水源主要是河水和雨水，如果当年的雨量较少，水分就会大量蒸发，湖水就会干涸，因而它时隐时现。但目前研究表明，乔治湖并没有河流为它提供水源，"雨水说"也站不住脚。难道该地区的地球板块有自动开启以及关闭的"特异功能"？否则怎么解释湖

※ 如今的乔治湖

水会在如此短的时间内消失，甚至连湖中的鱼也都不见了踪迹？难道是被外星人一起转移到其他地方去了吗？这种种的疑问都让人们无法解释。

知识链接

　　由于此湖的怪异，历史上还引发了一些法律纠纷：有一家澳洲德裔居民与政府签订合同，承包了湖面养鱼，当大批鱼苗即将成熟时，湖面突然干涸，仅短短十几天就暴露出湖底，所有鱼儿随湖水一起神秘消失了，为此承包人将湖面所有者以事先不告知为由告上法庭……更奇怪的是，当湖水再生的时候，随着水冒出来的还有鱼儿，生物学家曾经鉴定这些鱼儿的鱼龄，还多是生长数年以上的成年鱼，这就更加令人百思不得其解了。

拓展思考

1. 为什么乔治湖会隐身？
2. 你认为应该怎样去寻找乔治湖的水源呢？
3. 乔治湖的出现和消失和地球板块构造有关系吗？

南

第六章

极洲神秘地带一览

NANJIZHOUSHENMIDIDAIYILAN

神秘的南极"无雪干谷"

Shen Mi De Nan Ji "Wu Xue Gan Gu"

南极是人类探究最少的大洲，在这里还有许多现象至今科学家们也无法解释，在这终年飘雪的冰川雪原中，竟然有许多地方还是无雪地区。"无雪干谷"就是其中最为神秘的地带之一。

◎无雪干谷的地理

在南极洲东北部有一个麦克默多海湾，穿过海湾就可以看见一个无雪干谷地区。无雪干谷的西侧是横断山脉，这里有三个山谷依次向北排列着，它们是：维多利亚谷，赖特谷，地拉谷。

无雪干谷周围的山海拔大约在1500～2500米之间，山上有冰川，而且这些冰川向着谷地流落而去，形成了冰瀑。不过，这些冰瀑在流落到山谷两旁的时候就没有了。冰川到达不了的地方，自然也就不会下雪，因此人们才把它叫做"无雪干谷"。

最早的探险家走进无雪干谷地区的时候，发现这里没有冰，也没有雪，只有裸露的岩石，还有岩石下面一堆堆的海豹等各种兽类的遗骨。然而，在这里已经没有了生命的迹象，只有令人颤抖的死亡，所以就称它为"死亡之谷"。

> ▶ 知识链接
>
> 总面积达1400万平方千米的南极大陆，大部分被冰雪覆盖着，从高空俯瞰，南极大陆是一个中部高而四周比较低，形状与锅盖非常相似的高原。因此也被形象地称为冰盖冰层，平均厚度为2000米，最厚的地方可达4800米。大陆的冰盖与周围海洋中的海冰在冬季连为一体，形成了一个总面积超过非洲大陆的白色冰原，这时它的面积要超过3300万平方千米。

科学家探测到了这个地方，但对于岩石边的兽骨始终得不到合理的解释。最近的海岸离这里也有数十千米，而远一点的海岸则可能有着上百千米。习惯于在海岸旁边生活的海豹一般情况下不会离开海岸跑出这样远的距离，由于海豹的遗骨证明了它们偏偏违背了通常的生活习性而来到了此地。那么，海豹为什么要远离海岸爬到"无雪干谷"呢？一些科学家认

※ 兽骨

为，这些海豹来到这里是在海岸上迷失了方向。然而在这个没有冰雪的无雪干谷地区，海豹因为缺少可以饮用的水，所以力气耗尽而失去了爬出谷地的能力，最后干渴至死，变成了一堆堆白骨。

因为存在着鲸类自杀的现象，还有一些科学家认为这些海豹跑到无雪干谷地区就像鲸类一样是自杀。但并没有充足的理由说明这些海豹为什么要自杀，所以有些科学家认为，这些海豹可能是受到了什么惊吓，在什么东西的驱赶之下才聚集到了这里。那么海豹在过去的年代里到底在惧怕什么而慌不择路呢？又是一种什么样的东西把它们驱赶到这里呢？这些真的是很令人费解。除了神秘的兽骨，无雪干谷还有许多让人无法解释的神奇现象。

新西兰在这个无雪干谷的腹地建立了一座考察站，并根据考察站的名字，把考察站旁边的一个湖取名为"范达湖"。一些日本的科学家在 1960 年实地考察了无雪干谷的范达湖，奇怪的水温现象让他们顿感惊讶，水温在 3～4 米厚的冰层下是 0℃ 左右，水温在 15～16 米深的地方升到了 7.7℃，而到了 40 米以下，水温竟然跟温带地区海水的温度相当，达到了 25℃。科学家们被范达湖这种湖水越深水温越高的奇怪现象深深的吸引了，络绎不绝地来到这里进行考察。

日本、美国、英国、新西兰等国的考察队从各个角度对这一疑团加以解释，争论不休，其中有两种学说流传较为广泛，一种是地热说，一种是太阳辐射说。

坚持地热说的科学家们提出这样的观点：罗斯海与范达湖之间的距离为50千米，在罗斯海附近有墨尔本灿和埃里伯斯两座活火山。前者是一座正处于休眠期的活火山，而另一座至今仍然会随时喷发。这些都表明此地段的岩浆活动剧烈，所以才会产生非常高的地热。在地热的作用下，范达湖自然也就形成了水温上冷下热的现象，然而也有不少证据表明，在无雪干谷地区并没有任何地热活动的现象。当然这一观点并不足以解释上述现象。

◎范达湖温泉

坚持太阳辐射说的专家们则会认为，在长期的太阳光照耀下，范达湖积蓄了大量的辐射能。当夏天到来时，强烈的阳光透过冰层和湖水把湖底、湖壁烘暖了。湖底层的咸水吸收、积蓄了大量剩余阳光中的辐射能，而湖面的冰层则是很好的隔离屏障，阻止了湖内热量的散发，产生一种温室效应。并且，南极热水湖含有丰富的能有效蓄积太阳能的盐溶液，这就是范达湖的温度上冷下热的原因。但有许多人并不同意这种说法。他们认为：南极夏季日照时间虽长，但很少有晴天，因此地面能够吸收到太阳的辐射能很少，再说又有百分之九十以上的辐射能被冰面反射。另外，暖水下沉后必然会使整个水层的水温升高，而不可能仅仅只有底层的水温升高。这样一来，太阳辐射说的理论似乎无法完全解释这一现象的发生。

拓展思考

1. 无雪干谷的景观都有哪些？
2. 无雪干谷的具体成因是什么？

南极迷雾：时光倒流的神秘地带

Nan Ji Mi Wu ：Shi Guang Dao Liu De Shen Mi Di Dai

从古至今，"时间"一直是最复杂的科学问题，而且以"时间"为课题的研究也非常少，近年来，美国和英国的科学家们在南极洲进行科学考察时终于有了惊人的发现。南极上空的迷雾：时光倒流 30 年！

◎南极上空的迷雾：时光倒流三十年

1995 年，美国物理学家马瑞安·麦克林告诉研究员们注意观察 1 月 27 日南极洲上空的那些不断旋转的灰白色烟雾。开始时，他们并没有在意，觉得这些可能只是普通的沙暴。然而这些灰白色的烟雾不但没有随着时间的进程改变形状，并且也没有移动。最后，研究人员决定仔细研究这种现象。他们发射了一个气象气球，气球上装备了测定风速、温度和大气湿度的仪器。然而，在气球刚发射时就急速地上升，很快便消失了。过了一会，研究人员利用拴在气球上的绳子才把气球收了回来。但是，让他们感到震惊的是，这个气球的计时器显示的时间是 1965 年 1 月 27 日，正好提前了 30 年！在确认气球上的仪器并没有损坏后，研究人员又进行了多次同样的试验。而且每次都表明时间倒退了，计时器显示的仍然是过去的时间，这个现象被称作"时间之门"。研究人员向美国白宫做出了汇报。

目前，对于这些非同寻常的现象所做出的研究仍然进行着。有些人推测南极洲上空的那个不停旋转的空间是一条能通向其他时代的时空通道。而且把人送往其他时代的研究项目也已经开始。美国中央情报局和联邦调查局正在为这个可能会改变历史进程的研究项目的控制权展开激烈的争夺。

◎密林中的秘密试验：时间机器加速前进

著名的俄罗斯科学家内克雷·克兹列夫实施了一项试验来证明从将来返回到过去是有可能的。他通过假设即时的信息可以通过时间的物理特性进行传送来证明他的观点。内克雷·克兹列夫甚至假定，"时间可以完成工作并且能够产生能量"。一位美国物理学家也得出了这样的结论："时间在这个世界出现之前就已经存在了"。

大家都知道，我们每个人在不同的情况下对时间的进程会有不同的感觉。据说有一次，闪电击中了一位爬山者。后来这位登山者告诉其他人说，他看见闪电进入了他的胳膊，且沿着他的胳膊缓慢移动，闪电把他的皮肤和组织分开了，还使他的细胞碳化。他觉得那种刺痛的感觉就好像是在皮肤下面有无数个刺猬在扎着他的胳膊。

俄罗斯的盖纳迪·比利莫夫是一名反常现象研究员、哲学家，并且还写过许多的专著。他在报纸上发表了论文《时间机器：加速前进》。他描述了在瓦蒂姆·车诺布罗夫领导下，一些热衷于时间研究的人所负责实施的惟一一次试验。瓦蒂姆·车诺布罗夫早在 1987 年就开始利用地磁泵来制作时间机器。目前，这些研究人员可以通过对磁场施加特殊的冲击来减慢或者加速时间的进程。在试验室设备的作用下，最大限度地减慢时间可高达每小时 1.5 秒。

2001 年 8 月，在俄罗斯的伏尔加格勒地区的一个偏僻的森林里对一个新型的时间机器进行了试验。这个机器尽管只是用了汽车的电瓶作动力，能量相当的低，但它改变时间的幅度依然达到了百分之三。时间的改变是通过对称的晶体振荡器记录下来。

最初，研究人员花五分钟、十分钟、二十分钟来操作这台机器，最长的一次时间延缓持续了半小时。瓦蒂姆·车诺布罗夫说，人们觉得仿佛进入了另外一个世界；他们可以同时感受到"这边"以及"那边"的生活，仿佛空间完全被打开了。"我实在无法描述当时我们所经历的那种不同寻常的感受"，瓦蒂姆·车诺布罗夫回忆道。

▶ 知识链接

南极洲蕴藏的矿物有 220 余种，主要有煤、石油、天然气、铂、铀、铁、锰、铜、镍、钴、铬、铅、锡、锌、金、铝、锑、石墨、银、金刚石等，主要分布在东南极洲、南极半岛以及沿海岛屿地区。在维多利亚地区有着大面积煤田，南部有金、银和石墨矿，整个西部大陆架的石油、天然气均很丰富，查尔斯王子山发现巨大铁矿带，乔治五世海岸蕴藏有锡、铅、锑、钼、锌、铜等，南极半岛中央部分有锰和铜矿，沿海的阿斯普兰岛有镍、钴、铬等矿，桑威奇岛和埃里伯斯火山储有硫磺。

| 拓展思考 |

1. 在南极洲上生长的动物是什么？
2. 南极洲的气候是怎么样的？

地球上的神秘地带